Assessing

Spanish

Proficiency

with stories

Eric Herman

Acquisition Classroom

Assessing Spanish Proficiency with Stories

Book and Cover Design by Eric Herman
Cover Art by www.bigstock.com

eric.herman.pchn@gmail.com

AC | Acquisition Classroom
www.acquisitionclassroom.weebly.com

ISBN-13: 978-1973950325

IBSN-10: 1973950324

Printed in the United States of America

Speed reading information, stories, and quizzes from *Speed Readings for Spanish Learners*

First Edition: 2017

10 9 8 7 6 5 4 3 2 1

Table of Contents

Para mi mamá,
por ser mi maestra ejemplar.
Gracias por motivarme a leer
y por modelar ese hábito.
A eso, más tu espíritu juguetona,
atribuyo mi creatividad.

From a Teacher

Writing the stories and quizzes for this book was a selfish endeavor. A new state mandate a few years back required that all teachers use at least two different types of pre and post tests. The amount of student growth from those tests would be one factor in the new teacher evaluation system. I was teaching middle school Spanish and needed a practical way of measuring communicative language ability. The tests needed to be sensitive to the progress made by novice level students in one year with only three classes per week. I also wanted the tests to be of the type that would be a strong motivator for me to provide acquisition-rich classroom experiences, while also encouraging students to engage in those activities that will best develop their proficiency.

I chose tests that would be quick and easy to administer and to score, while also giving me objective data. For one of the measures, I decided to test reading fluency with speed readings, which would provide me with data on speed and comprehension. The texts and quizzes in this book also served as a speed reading course for eighth grade. For the other measure, I would use speed rewrites of stories the students had never heard. From this I would have a total written word count. I also included one subjective evaluation, assigning the rewrites a global rating from 1-6.

We all know how much administrators love data in this day and age and I was able to deliver in full. On my end-of-year report to my administrator (evaluator) I concluded:

Writing and reading fluency increased significantly among 7th grade students over a period of 6 months.

I was able to make simple charts. Here is a section of a chart reporting on speed reading averages.

	Pre-Test	Post-Test	Growth	Growth Rate (%)
Reading Speed on Harder Story (words per minute)	123	191	67	55
Comprehension Score (%) on Harder Story	57	77	19	34

From the charts, I could draw more detailed conclusions, e.g.

Reading speed increased dramatically, not reaching sufficiency (150 words per minute) on the pre-test text and exceeding sufficiency on the post-test.

Reading comprehension score was below sufficiency on the pre-test and above on the post-test.

These results, a product of the content in this book, were one of the major reasons I earned "Exemplary" ratings (the highest rating offered) in all four categories on my teacher evaluation.

When I later taught in a private school, there were no testing requirements, but I still used these tests. They served as a diagnostic, providing me with the information that the range of abilities of the eighth grade students was all over the place. It was easy to enter the data and create graphs. See the sample below.

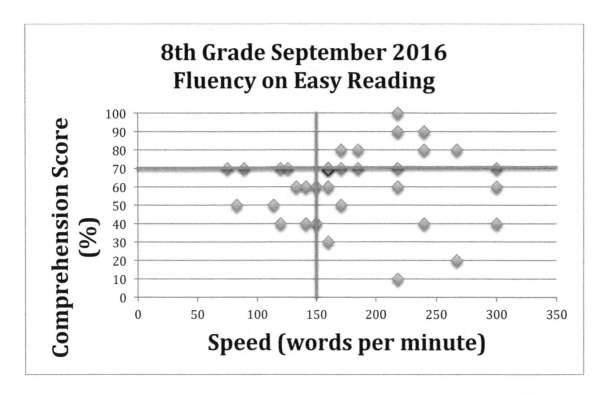

I shared the diagnostic results with my administrator so that he would be sympathetic to the challenges of teaching a group of such diverse abilities. The results also beg the question: How is it that some of these students have had years of language study, but can't read a short passage based on the highest frequency vocabulary?

That year, I was required to give a final exam, so I used these tests and based final exam grades on improvement from the pretest, giving everyone a fair chance at success.

In addition to giving these communicative tests, the high school placement exam I had to administer when working in a public school was a discrete-item, 100 question grammar (30 conjugations!) and 100 question vocabulary test. The private school I taught in required I administer the National Spanish Exam, half of which is a discrete-item grammar and vocabulary test. My classes in both schools were communicative all year-long, but three weeks before the exams was spent on explicit grammar instruction.

The results?
• My students scored as well on the placement exam as other schools in my district that spent the year explicitly teaching the content on the exams.
• On the National Spanish Exam, the class as a whole did better than the year prior and this was their first year in a truly communicative class.

My students got two for one. They could communicate AND perform on old school tests. This is a much more efficient way to prepare students for traditional tests. In most cases, I just had to show students how to organize familiar language into charts and had to teach a little grammar vocabulary so they would understand the instructions (that was the first time they were hearing the "C word"). Most of the vocabulary was familiar after a year of communicating around topics of student interest. In fact, students enjoyed Spanish so much that they were motivated to do well and many studied an optional review packet. Now, imagine how well my students would have done if those exams had been proficiency-based!

I have personally field-tested the stories and procedures in this book and the results have served me well, so much that I hope more teachers will benefit from these testing methods. Heeding the suggestions of language teaching historian, Diane Musumeci (1997), that teacher method and textbooks include theory, we'll first review the constructs and terminology of communicative language teaching, proficiency, and testing. Without a clear definition of proficiency and its components, how could we ever measure it?

Next, the Proficiency Guidelines from the American Council on the Teaching of Foreign Languages (ACTFL) are explained and critiqued. Then, improved testing methods are discussed, namely Savignon's 1972 study that started the communicative movement in testing and tests that I designed in the same spirit. Finally, recommended are practical tests of proficiency that use stories as the starting point. Given that this book can also function as a speed reading course, the benefits and research of speed reading are also included. The rest of the book consists of the thirty stories and thirty quizzes.

The testing methods outlined in this book enable communicative language teaching.

The State of Proficiency

I think ACTFL's single most significant contribution to the language teaching field has been its focus on testing proficiency. The fact that ACTFL has promoted proficiency testing for more than 30 years is laudable, while also concerning, given the minor impact it has had on classroom teaching. Why are so many programs still not based on what students can communicate, but rather on the accuracy of textbook rules and vocabulary?

Grammar and vocabulary are still treated as the "ends" - they get their own testing sections, are separate components of the grading system, and other test sections are disguised ways of further testing grammar and vocabulary. Many high school (e.g. AATSP National Achievement Tests) and college placement tests (e.g. webCAPE) are based predominantly on textbook grammar and vocabulary. While the AP Tests don't test discrete linguistic items, they have confounded proficiency with academic skills, e.g. higher level thinking. This way, only the "good students" will do well and we perpetuate the second language elitism inherent in the system. If a five-year old (who has way more proficiency than a 4-year high school student) cannot receive a 5 on the test, then it isn't just testing proficiency.

Teachers have responded to the AP Tests by thinking they need to do better and more of what they've always done: teach a grammatical syllabus. The result is that schools nation-wide are failing to develop proficiency of even survival skill levels. The results from 7,515 high school students in their fourth year in Spanish and French programs from 117 schools in 56 districts and 21 states concluded:

- *"Our research shows that after 630 to 720 hours of instruction, or about midway through the fourth year of study, approximately 14% of students can read at the Intermediate-Mid level or better. Approximately 16% can write and 6% can speak at this level"* (CASLS, 2010, p. 2).
- *"Most students in U.S. programs [K-15] do not reach proficiency levels that allow them to effectively communicate in the language"* (CASLS, 2011, p. 3).

Tests have the greatest potential to affect how we teach. If the goal is communicative ability, then that has to be what we test. Sandra Savignon, one of the leading communicative language teaching advocates and SLA researchers, made that point more than forty years ago!

"If we teach for communicative competence, we have to test for communicative competence. . . "
(1976, p. 5)

That means testing communication throughout the entire program, on formative and summative evaluations. Problem is, not enough has been done to educate teachers in proficiency nor in how to design tests to measure it. Most teachers have not been fortunate to attend ACTFL workshops, nor have they experienced the ACTFL testing process. Language teachers struggle to take off their "grammar goggles" and evaluate the effectiveness of communication, because they can't see past the inaccuracy of surface forms. So this guide will go over what a teacher needs to know about proficiency.

Theorizing the Buzz Words

In generative linguistics (think: Chomsky), there is a classic distinction that has been widely adopted in the field of second language acquisition.

Competence = knowledge. Internal language system. Synonym: mental representation.

Performance = behavior. Actual language use.

We can only ever observe performance in order to indirectly make inferences about the state of the underlying competence.

The failure of grammar-translation and audiolingual methods, with their primary focus on structure, to develop communicative ability led to the communicative approach.

Communication =
- *". . . a continuous process of expression*
- *interpretation, and*
- *negotiation of meaning"* (Savignon, 1997, p. 14)
- *"applies to both written and*
- *spoken language."* (p. 14)
- *". . . dependent on the roles of the participants,*
- *the situation, and*
- *the goal of the interaction"* (p. 28).
- Goals: cognitive-informational and social-psychological (Lee & VanPatten, 1995).

Communicative competence = The knowledge underlying communicative acts.
Synonym: Proficiency.

Canale & Swain (1980), refined in Canale (1983), separated communicative competence (proficiency) into 4 components.

1. **Grammatical competence** = competence in the Chomskyan sense
2. **Sociolinguistic competence** = knowledge of social rules. What is appropriate for a given context
3. **Discourse competence** = knowledge of how sentences combine to convey an overall meaning
4. **Strategic competence** = knowledge of how to cope and compensate for incomplete knowledge or other performance factors (e.g. fatigue)

Communicative Approach Principles:
1. Language use is creative.
2. Language use includes multiple abilities, which are context-specific.
3. Needs and interests of the acquirer are the starting point and the basis for materials.
4. Texts and discourse are the focus.
5. Output is meaning-based.
6. Accuracy is not required nor expected.
7. The teacher plays a wide range of roles in a wide range of situations.
    (Savignon, 1997, p. 28-29)

So, what is the difference between proficiency and fluency?

Fluency = Flow. Ability to easily interpret and/or express meaning.

We often think of fluency in the narrow sense of speed or quantity. Lennon (1990) made the following distinction:

Broad Fluency = proficiency (includes accuracy and complexity components)

Narrow Fluency = time-related component, e.g. length and number of pauses, hesitations, repetitions

Proficiency is concerned with practical language use, often expressed as real-world language use. Structural-based programs were failing to develop that ability. In addition, the texts and contexts provided by structural-based textbooks were recognized as artificial. This resulted in a new buzz word, which is commonly used to characterize texts and contexts. It has multiple meanings of which I collapse into two major types.

Authenticity as Native: For native speakers by native speakers.

Authenticity as communication: When language is used for communication it is authentic. Synonym: real. Antonym: artificial.

"An authentic text is a stretch of real language, produced by a real speaker or writer for a real audience and designed to convey a real message of some sort" (Morrow, 1977, p. 13 cited in Gilmore, 2007, p. 98).

There are a few major takeaways from this distinction:

- The first definition means that all interaction between teacher and students is inauthentic.

- With novice, and often intermediate-level classes, the two types of authenticity are in conflict. Using texts by natives for natives can impede interpretation.

- Role-play of situations encountered in a native-speaking community are simulations by definition and not real contexts with real roles, i.e. not fully communicative.

- Texts and discourse are artificial when their purpose is to practice certain grammar points and vocabulary items, what Savignon calls a "pretext" to display grammar (1997, p. 38).

To makes thing worse, the term is emotionally loaded (Cook, 1997) and the connotation is that authentic is "good," when that is not necessarily so. In addition, it is poorly defined and under-theorized. Another term used in SLA to refer to authenticity as native, which is more neutral and more precise, is "ungraded." We can do away with talk of authenticity altogether and just talk about ungraded texts/discourse and communication.

Proficiency Critique:

The SLA theorist and critic extraordinaire, Kevin Gregg, has expressed that global proficiency ratings do not give us specifics about linguistic development, or of any component for that matter.

". . . results are almost always measured in overall 'proficiency', which does not help us discover how given linguistic knowledge (as described in a property theory) is acquired. The concern with overall proficiency, like the claims of communicative competence, reflects an understandable interest of applied linguists and language teachers with everyday problems of real-world L2 learners; but for that very reason the concept is as useless as the concept of communicative competence is in the scientific study of SLA" (1997, p. 81).

Proficiency has no theory regarding the nature of its content, what is known as a "property theory." (e.g. Universal Grammar is a property theory in the field of linguistics).

". . . the term as used in the L2 acquisition literature is largely devoid of theoretical content; it is simply another way of saying ability to communicate. A look at the L2 communicative competence literature will show that there has been no proposal for a property theory of communicative competence, no attempt to formalize the properties supposedly covered by the term; which is to say that the use of the term is really a giant step backward" (1996, p. 53-54).

Proficiency may not be useful to SLA researchers, but it is of great use to teachers.

Testing Proficiency

"I put the development of new kinds of tests at the top of the list because of the importance of tests in shaping all that we do and think in the classroom" (Savignon, 1976, p. 5).

Washback / Backwash Effects = What gets tested has strong effects on when, how, and what gets taught.

The assumption is that there is a one-to-one relationship between test content and instruction. If textbook rules are tested, then explicit instruction of textbook rules is assumed to be the best preparation. Education in SLA is required to convince people otherwise. My personal experiences outlined in the *From a Teacher* section are evidence to the contrary. Just imagine taking a test in your first language of verb conjugations and noun-adjective agreement. You'd get a perfect score, but not because you explicitly learned any of those rules. You rely on a different, acquired knowledge source. Not to mention that many students explicitly taught rules and paradigms can't recall and apply the explicit information on those discrete-item tests.

Still, the question remains: Why use those non-communicative tests? Tests are strong messages to our students of what is important. This doesn't mean that grammar and accuracy is abandoned, but rather, it gets put in its place. An evaluation of the effectiveness of communication would depend to some degree on grammatical competence.

Testing for proficiency requires we think of new ways to assess language ability in our classrooms. A look at the buzz words used to talk about tests will make us more aware of the options and help guide our decisions. The purpose can be to assess course objectives or to compare students.

Criterion-Referenced Tests = Standards-based. For classroom-level decisions, e.g. final exams.

Norm-Referenced Tests = Percentile-based. For program-level decisions, e.g. placement, admissions, and institution-comparing exams. Spreads students out in order to group together students of similar ability. Students won't know the specific content to be tested.

Criterion-Referenced Tests are sometimes called **"Achievement Tests"** and contrasted with Norm-Referenced Tests called **"Proficiency Tests."** This distinction is blurred and essentially dissolved once classroom objectives become proficiency-based. For proficiency-based programs, ACTFL makes a useful distinction, despite unfortunate terminology.

Proficiency = what you can communicate across a range of familiar and unfamiliar contexts.

Performance = what students can communicate with familiar content in familiar contexts.

Notice that this is different from the above concept of "performance" used in the field of language acquisition. Since language teaching terms should align with SLA (not to mention the confusion the ACTFL distinction has caused language teachers), I will refer to this more appropriately as course-referenced proficiency.

The following distinction can be used in reference to the task and the type of response.

Discrete = Task: isolated skills, forms, or features. Response: limited. Assumes that the sum of the parts will give a global rating of a language ability. e.g. test the 4 skills, grammar, and vocabulary separately.

Integrative = Task: combination of multiple skills or features. Response: free.

Tests fall somewhere along a continuum of testing parts to testing the whole. Tests can have one type of task with a different type of response, e.g. reading a story is an integrative task, while answering multiple choice comprehension questions is a discrete-type response. "Traditional tests" tend to use discrete-point tasks and discrete-point responses concerned with textbook grammar and vocabulary.

Structural approaches valued objective scoring, considered better because there was no judgment involved. While there are measures of proficiency that are objective, proficiency-based scoring also embraces subjective scoring. The same aspects can sometimes be evaluated objectively or subjectively.

Objective Examples: Fluency: number of words, Comprehension: multiple choice

Subjective Examples: Fluency: ease of expression, Comprehension: overall rating

Evaluations can be made as a sum of parts or on the whole.

Rubrics = relative weighting of multiple categories.

There is no science to determine the interaction and what the weighting should be between the 4 components of communicative competence. Teachers typically put too much weight on grammatical accuracy. As far as comprehension goes, there is some research that vocabulary is most important for understanding, then subject matter knowledge, and lastly grammatical structure (Laufer & Sim, 1985).

Global Rating = A single rating of overall ability. Integrative and subjective.
Synonyms: holistic, impressionistic

"Although test evaluation procedures may vary, in real-life communication it is, of course, always the general impression that prevails" (Savignon, 1997, p. 227).

There are a lot of different tests claiming to measure proficiency, but many are based on different assumptions and definitions of proficiency. The range of tests claiming to test proficiency includes those tests of separate skills and textbook grammar and vocabulary components. For this reason, Bachman and Savignon (1986) qualified their focus as "communicative language proficiency."

For a measure of proficiency that does not bias for any one method, you would need to assess a range of familiar and unfamiliar contexts. Different activities and tasks allow students and teachers to assume different roles (e.g. evaluator, debater, interviewer, reporter, narrator, etc.) and for different purposes (e.g. opinionate, persuade, get information, give information, describe). Including individual and group testing allows students to play different social roles. For group tasks, it is best to give all members of a group the same rating so that everyone is encouraged to work together.

". . . communicative competence is by definition a social rather than an individual trait" (Savignon, 1997, p. 240).

Proficiency testing requires integrative tasks and these can be evaluated with a mix of objective and subjective measures. Teachers need not think less of subjective and qualitative ratings. When possible, the teacher ought to rate without looking at the student names, so as to control for bias. If the subjective ratings of one teacher are to be compared to those of another, then teachers should all rate a handful of the same exams and ensure that they are giving highly similar scores (interrater reliability). Tracy Terrell, the inventor of the communicative method, *The Natural Approach*, echoes Savignon's plead that we test how we teach and calls on teachers to step up to the challenge of new ways of evaluation.

"If communication is the goal, then it is the overall ability to communicate, not grammatical accuracy, which must be tested. This is not easy to do, of course; but to resort to grading based on grammatical accuracy is to avoid our responsibilities. Judgments of fluency will in many cases be subjective; however, if we cannot make those judgments with a reasonable degree of accuracy, then our title as teacher of a second language means very little" (Terrell, 1977, p. 335).

ACTFL on Proficiency

We will review how ACTFL defines proficiency, then use the construct of proficiency outlined earlier to evaluate ACTFL's Proficiency Guidelines and the most-known ACTFL test, the Oral Proficiency Interview (OPI).

I was fortunate to take the ACTFL OPI on four occasions over a two-year period when I was working in the Peace Corps. I have studied the testing guides (free online: *Language Proficiency Interview: Manual for Testers* and ACTFL's guide at www.actfltraining.org, login: actflrater, password: training) and have (unofficially) administered the oral interview to my own students.

ACTFL has been a leader in the **"Proficiency Movement"** and adapted the Foreign Service Institute tests and guidelines in order that they be more appropriate for the university context (first published in 1986). The test is integrative in both the tasks and response mode, criterion-referenced (compares ability to established standards), and ratings are subjective and global. Here is a summary of the major functions and text-types as they relate to the levels and sublevels.

Levels	Global Functions	Text-Type
Superior	Can support opinion and hypothesize, discuss topics concretely and abstractly	extended discourse
Advanced	Can narrate and describe in major time frames	paragraphs
Intermediate	Can create with language, ask and answer simple questions	sentences
Novice	Can communicate minimally with formulaic and memorized utterances	individual words & phrases

Sublevels	On Level	Next Level
High	excellent	almost always
Mid	good	little
Low	minimal	none

ACTFL Proficiency Guidelines

* You have to maintain all criteria of the level at all times in order to be rated at that level.

ACTFL also characterizes the major levels as Parrot -> Survivor -> Storyteller -> Thinker.

ACTFL uses the inverted pyramid to represent how ability expands. Each level subsumes those below.

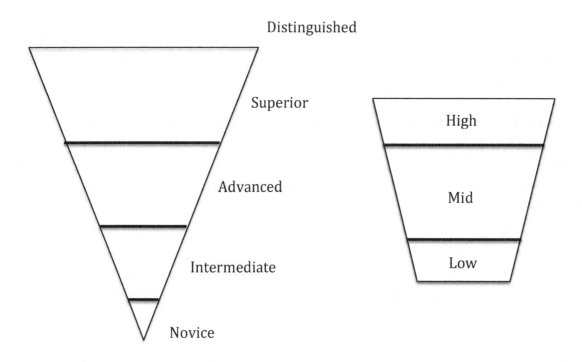

Challenging Assumptions

<u>At what level and sublevel are verb tenses mastered?</u>
The Advanced level is for narration in past, present, and future. But that narration can still be achieved without verb accuracy, e.g. using temporal adverbs like "yesterday." The Guidelines (2012) say:

Advanced Low speech is typically marked by a certain grammatical roughness (e.g., inconsistent control of verb endings) (p. 6).

This expectation is compatible with SLA research and reflects the minimal impact of verb endings on communication. What about all that time spent in year 3 of typical programs on the subjunctive?

<u>What vocabulary does each level require?</u>
Vocabulary is not listed. We can infer from the topics, which proceed from

self -> daily life -> community -> world

The Novice and Intermediate levels are restricted mostly to personal information, interests, and needs. The interview is personalized, such that you won't need to know the word for every food or activity, just those used to express what is personally relevant.

<u>What does the visual say about linearity?</u>
What you can do with the language increases exponentially. The Mid sub-level is more spacious in order to represent how you can complete that level's functions with substantial quantity and quality. While there are no claims being made about the precise time it takes to progress, there is more ability to develop at each successive level. Therefore, it is expected that each subsequent level takes more time to pass through AND more time of each level is spent at the Mid sub-level.

My personal experiences affirm the substantial time required to make progress on this scale. It took me 3 months of about 270 hours of class with a non-English speaking teacher and only 2 other classmates who were at my proficiency level and living with a host family in Honduras in order to advance from Intermediate-Mid to Intermediate-High. I would advance only one sub-level per year over the next 2 years of living and working in Honduras.

Shortcomings of the Oral Proficiency Interview

1. Skill-Building Expectations: The Guidelines are based on US government experience in oral evaluation. Given that the dominant approach is skill-building with a topic and grammatical-based syllabus, the Guidelines describe expected development from that way of teaching.

2. Impracticality: Logistically speaking, there is not enough time (15-30 minutes per student) or funds ($139/test) to administer the oral interview to all of our students. Extensive training is necessary in order to be certified to administer and score the test. It is no wonder teachers' understanding of proficiency is shallow when you look at the steps required to be certified.

    i. Must be ACTFL member. Basic member: $45/year.
    ii. 4-day workshop for Full Certification. $900/person ACTFL-sponsored workshop or $4,900 on-site workshop for 10 people maximum.
    iii. Certification application. $350.
    iv. Personal OPI.
        • Full Certification: Superior.
        • Limited Certification: Advanced-Mid (to assess Novice & Intermediate levels).
    v. Online Rating Activity of 16 OPIs.
    vi. Administer 2 Guided OPIs.
    vii. Administer 4 Independent OPIs.
    viii. Administer up to 4 Certification OPIs.
    ix. Recertify every 4 years.

Assessing Spanish Proficiency with Stories

3. One Context: The subject's role is interviewee in a formal setting and the purpose is primarily to give information. There is only one social role in which the interviewer holds more power. While interpersonal, the test's purpose is to only assess production and so the interviewee does most of the talking. If you purchase the OPI, then it occurs over the phone or by computer, which restricts the strategies available to interpret and express meaning (e.g. facial expressions and gestures).

4. Familiarity: Language use may appear creative, but the topics at the lower levels are precisely those that are commonly practiced and rehearsed. Rather, we want to measure general communicative language ability that is independent of context and content.

5. Appropriateness: The test was adapted from the FSI, which was used to assess whether government personnel (e.g. Peace Corps Volunteers) were ready to work in the world outside the classroom. Job-readiness communicative ability is different from general communicative ability.

6. Ungraded: While the interviewer is supposed to progress from sympathetic to unsympathetic listener, the interviewer does little to adjust the comprehensibility of his/her speech. The interviewee at the Novice and Intermediate levels may not be sure what is being asked (that was my experience), which will affect the response. The proficiency tests of the other three skills use ungraded texts and discourse.

    Although the classroom should follow the trajectory needed so that students can function outside of the classroom, due to time, it should also be understood that students don't usually reach the end of that path. Therefore, assess students where they are, not where we want them to be.

7. Coping. Strategic competence is a component of the communicative ability of everyone, including that of native speakers. As a result of #6, the test is limited to a narrow type of strategic competence, i.e. coping with ungraded texts or discourse.

8. Native Speaker: The Guidelines refer to a native speaker as if that were a homogenous entity.

9. Under-Theorized: The Guidelines are not based on SLA definitions of communication and communicative competence. The components of communicative competence should first be identified and they could then be evaluated separately and combined to give an overall proficiency rating.

14

Common Misunderstandings:

"The Guidelines are not based on any particular theory, pedagogical method, or educational curriculum. They neither describe how an individual learns a language nor prescribe how an individual should learn a language, and they should not be used for such purposes" (ACTFL, 2012, p. 3).

1. Linearity: Many misguided high school programs set goals as if it were fair to expect one sub-level to be gained by everyone per year.

2. Confusing output with input: To teach to the next level, teachers give novices only lists and isolated words or withhold storytelling and tenses from students that are not yet at the advanced level.

3. Confusing guidelines with development: Thinking the guidelines describe a universal pattern of development. In fact, the guidelines are not based on research in SLA.

4. Practice speaking: The backwash effect of promotion of the OPI has resulted in an emphasis on teaching speaking by practicing speaking, despite the SLA consensus on the importance of input to development.

5. Generalizing from limited contexts: Teachers observe their students performing at a higher level in some contexts, but can they maintain that over varied and unfamiliar contexts?

6. ACTFL Guidelines, different tests: The guidelines are co-dependent upon the tests. The guidelines provide ratings based on this specific, oral interview task.

"Ratings given on the ACTFL scale are intended to be used in conjunction with the ACTFL Oral Proficiency Interview (OPI). ACTFL does not sanction the use of these ratings with other testing instruments" (ACTFL, 2017, p. 4).

7. Confusing "performance" with non-communicative tests: Since it is so ingrained in the language teacher psyche that communication first requires explicitly learning grammar, it makes sense that teachers would misinterpret ACTFL's notion of performance (course-referenced proficiency). Both proficiency and performance are evaluated with communicative tasks. The only distinction is whether the contexts and content for communication are part of the course curriculum or not.

The ACTFL Proficiency Guidelines and the OPI are innovative and they convey a strong message about what is important, i.e. what people *can do* with a language rather than what they *know about* a language. Unfortunately, test administration and evaluation are impractical and the contexts and topics not broad enough to draw conclusions about any overall communicative ability. Nor are the ACTFL Proficiency Guidelines sacred. The next section looks at classroom testing of oral proficiency and improvements that can be made to the ACTFL testing format.

New Approaches Require New Tests

"No one really knows what directions language teaching and testing will take, but it seems clear that, beginning with Savignon (1972), there has been a new direction in language testing which might usefully be labeled the communicative movement" (Brown, 1996).

Savignon (1976) laments that the field views new approaches through an old lens, a metaphor created by Marshall McLuhan called **the rearview mirror syndrome**. Traditional, discrete-point tests continue to be used to measure a communicative approach, which Savignon says is like pasting new slogans on old wagons (p. 8). A communicative approach is not designed to better satisfy the goals of skill-building approaches. But per the rearview mirror syndrome, it is commonly misinterpreted as activities to add on to the old way of doing things. When teachers say they don't have time to create acquisition-rich classrooms, that's because they haven't abandoned the expectations of a skill-building approach. The goal of proficiency requires new programs entirely: new teachers, new curriculums, new grading systems, and new tests.

Savignon's famous* 1972 study of French beginner university students is exemplary for the varied contexts of unfamiliar topics used to evaluate proficiency so as to arrive at a more comprehensive assessment. The evaluation criteria doesn't require special training and involves a mix of objective and subjective ratings. The 4 tasks are summarized in the table below.

Tasks	Discussion	Interviewing	Self Reporting	Description
Time (min)	4	4	1 in English 3 in French	45 sec English 1 min actor 1.5 min actions
Topics	1 of 3: - large vs. small university - foreign language requirement - administration	Student is interviewer: find out as much as possible	1 of 3: - family - campus life - winter vacation	describe actor & actions
Interlocutor	helpful native speaker	non-helpful native speaker	none, tape-recorded	none, tape-recorded
Evaluation Criteria	1. effort to communicate 2. amount of communication	1. comprehensibility & suitability 2. naturalness & poise 3. interviewee comprehension 4. amount of communication	1. fluency 2. comprehensibility 3. amount of information	1. fluency 2. comprehensibility 3. amount of information
Scoring	6-point scale	#1-3: 6-point scale #4: number of correct facts	#1-2: 6-point scale #3: number of complete ideas	#1-2: 6-point scale #3: number of correct facts

Treatment: 100% audiolingual group vs. communicative skills (CS) group, which spent 80% in audiolingual classes and 20% of the semester course on communicative activities

Results: The CS group
- did slightly better on standardized reading and listening tests (multiple choice tests of vocabulary and grammar),
- got slightly higher final grades in the course,
- did a lot better on proficiency tests (2 main criteria: quantity and comprehensibility)
- and there were no prior differences between the groups in language aptitude, academic achievement, or verbal intelligence.

In a similar attempt to get a more comprehensive assessment of proficiency, I designed 4 communicative tests to assess my eighth graders. The tests were administered to student pairs.

1. Picture Description: Each student chooses 1 picture from among 12 to describe.

2. Interviewed: The teacher asks questions about the students' personal experiences related to the picture.

3. Oral Narrative Test: The students choose 1 of 4 topics. The teacher reads a 300-word story that includes cultural and personal information and written in 3 tenses. Immediately afterward, the students work together to summarize the information.

4. Spot the Differences: Students choose from 1 of 4 pictures and then complete an information-gap activity in which they work together to find as many differences between the picture they can see and the picture only the teacher can see.

Test traits:
- Free, not controlled production
- Spontaneous
- Individual & group tasks
- Students choose from unrehearsed and unfamiliar content & tasks
- Various contexts and roles

Further increasing validity, these tests were
- unannounced
- delayed 3 weeks after the last class
- not for a grade

Biasing for the Best: Why not create a test format and the conditions necessary so that students can show off all that they can do? SLA researcher, Merrill Swain (1984) calls this "biasing for the best." One inevitable difference between my tests and those of Savignon is that the conversation partner (me) is the teacher and not an unknown, native speaker. I act more like the helpful native speaker of Savignon's discussion task, helping students to complete their ideas when necessary. As the teacher, I ought to have good rapport* with the students and I am also most aware of the language with which the students are familiar. This relieves some of the anxiety and is more appropriate given their age and language ability.

* I can testify to the truth of what Savignon says about rapport:

"The rapport they [students] feel with the teacher as well as with classmates may be crucial in determining the success or failure of the venture" (1997, p. 81).

My degree of rapport was considerably lower when I was in my first year teaching at a new school with a notably, anti-authority eighth grade culture and a non-cohesive student dynamic. I did feel that this hindered the total potential for development of student proficiency.

You can watch the test administration and see the results for yourselves here:
https://www.youtube.com/playlist?list=PL8JqpkCp61R6_C-qi-kczaFVLtF8bT9M6

I filmed the tests, the purpose of which was to get a good sample of communicative ability so as to impress stakeholders, i.e. parents, admin, and high school teachers. If we teachers are to try a new approach, we do ourselves a great service by documenting and sharing the results. Even if we are required to give departmental tests that we don't design (and I was required to give a grammar and vocabulary placement exam), I strongly recommend still doing our own proficiency testing. It should be fairly obvious to any third party observer that these tests better demonstrate communicative language ability. I was honored that the results of my communicative and comprehension-based approach were shared at the National Teaching Proficiency through Reading and Storytelling (NTPRS) Conference during method inventor, Blaine Ray's, closing speech.

While Savignon and I have used more ideal testing methods, such comprehensive testing is still impractical. Test administration in the Savignon study took 30 minutes per student. My procedure was a little more practical, spending about 15 minutes per partners. That is still time-consuming, especially given larger classes. Given my purposes, I only conducted these tests with the half of the class that were more willing and advanced. And this does not include the time it would have taken to score the tests according to multiple evaluation criteria. I encourage you to replicate, adapt, and invent such tests to use when feasible, and especially to show off the results of your communicative approach. The rest of this book is about practical alternatives to testing proficiency.

Practical Tests of Proficiency

"At their very best, the tasks that appear on a test should resemble the kinds of tasks at which learners should be working in the classroom" (Savignon, 1997, p. 241)

If we can make proficiency testing a common, classroom practice, then perhaps the language teaching field can finally make the shift to a communicative approach. I am also excited, because I think these proficiency testing methods make action research more meaningful and feasible. Some of the task options stick to narrative text-types and the storytelling context, thus qualifying as superb, course-referenced proficiency tests (remember: ACTFL calls this "performance") for those teachers with story-based curriculum. Storytelling is a common assessment used in SLA research. In other words, the tasks suit the teaching. But the stories can also be the starting point for different communicative tasks.

It is a strength that the tasks are comprehension-dependent. This would have a positive backwash effect on the classroom. Teachers will prepare students with comprehension-based activities, a research-based approach given the consensus about the importance of input (arguably the only causative variable in the acquisition of a native-type knowledge). This also means that the test is not time away from acquisition, but is itself an opportunity to acquire and develop communicative skills.

On the tasks requiring output, we want to minimize time spent planning. If we just gave students a topic to discuss, then some students will spend time thinking and others may rely on language they've rehearsed. If the story were in the first language, then students may get stuck trying to think of words that they do not know in the second language. Starting with the second language story gives everyone the same, unfamiliar story and the best chance to show off their fluency.

Why these Stories?

1. Graded: To bias for the best and increase the likelihood of communication (authenticity), the stories and quizzes are written within the 300 most frequently used words of Spanish (Davies, 2006), plus 400+ English-Spanish cognates, and 50 non-cognate words beyond the 300 word level. Those words with a lower frequency than 300 are either easily figured out from the context or else they are glossed at the first occurrence of the word in the speed reading course and again if it is key to understanding another passage. Sentences are short and grammar tenses have been restricted almost entirely to the present tense (although texts can be read aloud in the past tense).

2. Construct validity: By virtue of #1, there is a stronger argument that real-world language use is being measured. Sticking to the highest frequency language means that the language is the most useful and fundamental to communication in a broad range of contexts (frequency lists are determined by number of occurrences and range of contexts). This also means that communicative classrooms won't need to backwards plan lessons and syllabi to prepare students. There will be ample opportunities in a communicative classroom to acquire these words by the definition of high-frequency.

2. Unrehearsed content: The stories are not coming from class-created stories and are not intended to be practiced prior to testing.

3. Background knowledge = Stories are about characters who are likely to be known and relevant to the students (celebrities and cartoon characters) and thus easy to visualize, while also motivating students to read and comprehend. To decrease predictability and increase attention to meaning, some changes in familiar plots and character details have been made. Imagine: Texts on a test that are a fun and pleasurable experience!

4. Leveled: The readings get progressively more challenging. The number of different words in a story, sentence length, and structural variety all slightly increase. This enables a teacher to test with stories at different levels in order to give everyone a chance at improving. In my classroom, I repeated the same task with 2 different stories: 1 from the first half, 1 from the latter half of the book.

Task Characteristics:
- All tasks are meaning-based
- All depend upon comprehension of input
- Time-pressured (a condition that favors reliance on implicit knowledge)
- Quick to administer and easy to score
- Provide objective, quantitative data

If you refer back to the definition of communication and the principles of a communicative approach, then you will see that these tasks satisfy all of the criteria for communication and could just as well be used as daily tasks in a communicative classroom. Adopt and adapt the texts and tasks as needed. Use multiple tasks when possible, because the more varied the tasks, the better our position to make claims about general proficiency.

* Teacher Tip: Read the stories live, rather than tape-recorded. That is more real, will include non-verbal expression, and will increase engagement. In order to standardize the speech rate, decide your rate beforehand and figure out the total time. Then, just keep a watch nearby. The stories include dialogue, so the teacher ought to read that with different voices. In addition, the teacher can add to the story "Bob said. . ." in order to make it clearer who is talking.

Evaluation Criteria:
- Fluency (# of words)
- Comprehension/Comprehensibility (multiple choice, # of comprehensible sentences)
- Informational content (# of correct facts)

For practical reasons, proficiency is not being assessed according to the 4 components of communicative competence. It is assumed that fluency and comprehensibility are macro-traits, which subsume the 4 components. Each component will contribute to the relative fluency and comprehensibility of the communication.

These are the same criteria used in the Savignon tests. I recommend them, because they are easy and quick methods that provide objective, quantitative data. Using test paper with numbered blanks makes this even faster (see next section). To be even more sensitive to novice level progress, count clauses (look for the verbs) rather than sentences. Don't count any words in the first language and language that is consecutively repeated, e.g. "muy, ~~muy~~, ~~muy~~ grande."

Although subjective, it would be even easier to follow Savignon and rate one or all criteria from 1-6 based on general impression. Another option is to use a rubric to assign points to the degree by which the 3 criteria are satisfied. Sum or weight the points and determine ranges that correspond to a global rating. This may be necessary if you need to turn the ratings into a grade. Below is an example you can adapt for your classes.

Points	Fluency	Comprehensibility	Facts
1	0–19	1–3	1–3
2	20–39	4–5	4–5
3	40–59	6–7	6–7
4	60–79	8–9	8–9
5	80–99	10–11	10–11
6	100+	12+	12+

Points	Grade
16+	A
12–15	B
8–11	C
4–7	D
3	F

If you apply the ACTFL guidelines, just remember that the rating cannot be taken as comparable to a rating earned from an ACTFL test. In other words, no claims can be made about someone's ACTFL proficiency level.

Simplify everything and combine all 3 criteria to count the **amount of communication**, defined as the number of comprehensible words, clauses, or sentences that are also factually correct. Even more practical, give an impressionistic rating that uses that combined criteria, but rather than counting instances, review the language sample and assign a global 1-6 rating. On the speed rewrite task, this is basically an evaluation of how well the student summarized the story.

Norm-Referenced Evaluation:

For placement purposes, to compare programs, and/or to measure pre and post-test results, there is an easy, norm-referenced method for evaluating overall ability. Review all language samples together and categorize based on the degree of communicative ability relative to other language samples. I first heard of this procedure when reading how SLA researchers Beniko Mason and Stephen Krashen evaluated writing samples. They summarize the procedure:

"The two summaries were evaluated holistically by two native speakers of English on a 1-6 scale, where 1 = worst and 6 = best writing. Specifically, raters were first asked to categorize papers as 'good', 'bad', or 'average'. Then papers in each pile were re-evaluated and divided into two groups to form six categories. As in Experiment 2, judges did not know whether the papers had been written at the beginning or end of the academic year" (1997, p. 97).

Tasks:

1. Speed Reading (see the next section for benefits and procedure)
- Timed reading
- Answer 10 multiple choice Qs

2. Speed Listening
- Listen to different stories read at different speeds (e.g. 80 & 120 words per minute)
- Answer 10 multiple choice Qs (teacher reads aloud, students write letter of answer)

Option #3 is similar to the "Oral Narrative Test," considered a measure of implicit knowledge in SLA research (Ellis, Loewen, Elder, Erlam, Philp, & Reinders, 2009). The task could alternatively be completed in a group, which is similar to the task known as a dictogloss.

3. Speed Rewrites or Retells
- Listen once and take notes or give 3-5 minutes to read story
- 5 minute timed rewrite or retell

The output of the next tasks is fully communicative (except #6), given there is an exchange of *new* information. The next tasks require creativity and/or thinking, which can affect fluency.

4. Before & After
- Listen or read a story
- 5 minute timed, creative write or speak of the plot that came before and what happened next

5. Personal Interview
- Listen or read a story
- Write or speak, presentational or interpersonal: Compare/contrast self to characters and plot

6. Character Interview
- Listen or read a story
- Teacher plays character and student interviews or vice versa

Simulations/role-plays are not "real" by definition. Teacher and/or student(s) are not themselves, but assume fake roles. That said, the focus here is on the exchange of meaning and this task is fun and entertaining!

7. Story Critic
- Listen or read a story
- Write or speak, presentational or interpersonal: Evaluate, opinionate, and recommend

8. Spot the Differences (Information Gap Task)

- Read a story
- Teacher and/or student(s) make "x" number of changes to the story
- Converse to find out the differences

Blank Writing Sheet

NAME: _____ DATE: _____

INSTRUCTIONS: Take 5 minutes to rewrite and summarize the story in Spanish. Try to describe the characters, setting, problem, actions, and the resolution. Relax. Focus only on those words you can get to come out naturally.

_____	_____	_____	_____	_____	5
_____	_____	_____	_____	_____	10
_____	_____	_____	_____	_____	15
_____	_____	_____	_____	_____	20
_____	_____	_____	_____	_____	25
_____	_____	_____	_____	_____	30
_____	_____	_____	_____	_____	35
_____	_____	_____	_____	_____	40
_____	_____	_____	_____	_____	45
_____	_____	_____	_____	_____	50
_____	_____	_____	_____	_____	55
_____	_____	_____	_____	_____	60
_____	_____	_____	_____	_____	65
_____	_____	_____	_____	_____	70
_____	_____	_____	_____	_____	75
_____	_____	_____	_____	_____	80
_____	_____	_____	_____	_____	85
_____	_____	_____	_____	_____	90
_____	_____	_____	_____	_____	95
_____	_____	_____	_____	_____	100

Proficiency Testing References

ACTFL. (2012). *ACTFL proficiency guidelines.* Alexandria, VA: American Council on the Teaching of Foreign Languages.

ACTFL. (2017). *OPI tester certification information packet.* Alexandria, VA: American Council on the Teaching of Foreign Languages.

Bachman, L. F. & Savignon, S. J. (1986). The evaluation of communicative language proficiency: a critique of the ACTFL oral interview. *Modern Language Journal, 70,* 380-390.

Brown, J. D. (1996). *Testing in language programs.* New Jersey: Prentice Hall.

Canale, M. (1983). From communicative competence to communicative language pedagogy. In: J. C. Richards & R. W. Schmidt, (Eds.), *Language and Communication,* 2-27. London: Longman.

Canale, M., & Swain, M. (1980). Theoretical bases of communicative approaches to second language teaching and testing. *Applied Linguistics,* 1, 1-47.

Cook, G. (1997). Language play, language learning. *ELT Journal 51*(3), 224–231.

CASLS. (2010). *How many hours of instruction do students need to reach intermediate-high proficiency?* Oregon: Center for Applied Second Language Studies.

CASLS. (2011). *How do proficiency levels compare between K-12 and university students?* Oregon: Center for Applied Second Language Studies

Davies, M. (2006). *A Frequency Dictionary of Spanish: Core Vocabulary for Learners.* New York: Routledge.

Ellis, R., Loewen, S., Elder, C., Erlam, R., Philp, J., & Reinders, H. (2009). *Implicit and explicit knowledge in second language learning, testing and teaching.* New York: Multilingual Matters.

Gilmore, A. (2007). Authentic materials and authenticity in foreign language learning. *Language teaching, 40,* 97-118.

Gregg, K. R. (1996). The logical and developmental problems of second language acquisition. In: W.C. Ritchie & T.K. Bhatia (Eds.), *Handbook of Second Language Acquisition* (pp. 49-81). New York: Academic Press.

Gregg, K. R. (1997). UG and SLA theory: The story so far. *Revista Canaria de Estudios Ingleses, 34,* 69-99.

Laufer, B. & Sim. D.D. (1985). An attempt to measure the threshold of competence for reading comprehension. *Foreign Language Annals, 18,* 405-411.

Lee, J.F. & VanPatten, B. (1995). *Making communicative language teaching happen.* New York: McGraw-Hill.

Lennon, P. (1990). Investigating fluency in EFL: A quantitative approach. *Language Learning, 40*(3), 387–417.

Mason, B. & Krashen, S. (1997). Extensive reading in English as a foreign language. *System, 25*(1), 91-102.

Musumeci, D. (1997). *Breaking tradition: An exploration of the historical relationship between theory and practice in second language teaching.* New York: McGraw-Hill.

Peace Corps. (2005). *Language proficiency interview: Manual for testers.* Washington, D.C.: Peace Corps.

Savignon, S. J. (1976). *Communicative competence: Theory and classroom practice.* Paper presented at the Central States Conference on the Teaching of Foreign Languages (Detroit, MI, April 23, 1976).

Savignon, S. J. (1997). *Communicative competence theory and classroom practice: Texts and contexts in second language learning.* 2nd ed. New York: McGraw-Hill.

Swain, M. (1984). Large-scale communicative language testing: A case study. In: S. J. Savignon & M. S. Berns (Eds.), *Initiatives in communicative language teaching.* Reading, MA: Addison-Wesley.

Terrell, T. D. (1977). A natural approach to second language acquisition and learning. *Modern Language Journal, 61*(7), 325–336.

Speed Reading

The primary focus of a speed reading course is to increase reading fluency. **Reading fluency** is the ability to read fast with an adequate, general understanding. The ability should be maintained over longer passages, over different genres and unpracticed passages, and over time. Reading processes, such as word recognition, decoding, and working memory, can be enhanced with practice. In order to focus on increasing speed, the readings should be easy. In fact, in a recent extensive reading study, those students who read the easiest simplified texts made the greatest fluency gains (Beglar & Hunt, 2014).

What follows is more information about the benefits of speed reading and the procedure.

View information about the benefits and the procedure modeled here:
https://youtu.be/n_ACaK0xwAQ

The Benefits of a Speed Reading Course

Teachers should share with the students the benefits of speed reading. These include:

1. If you can read faster with comprehension, then you can get more comprehensible input, which is theorized to cause language acquisition (Krashen, 1982). Reading fluency is essential to foreign language (FL) contexts in which reading is often the principal means of getting comprehensible input.

2. Speed reading encourages the acquisition process and discourages the learning process. Students are urged to read fast and therefore read a lot, read for meaning, read something easy, and guess word meanings from context. There is no time for a conscious study of rules and looking up unknown words in a dictionary.

3. Slow reading can impede comprehension, because you can't remember the beginning of a section by the time you get to the end. As seen in studies of reading rates, most beginner and intermediate language learners are reading at rates below 100 words per minute and thus have a lot of room for improvement (Beglar & Hunt, 2014).

4. L2 readers may not realize that they can read faster and still comprehend, until they participate in reading fluency build-up activities. Students may read slower in the L2, because they confuse the purpose of reading for pleasure with studying the language.

5. If you read too fast, i.e. faster than 300 words per minute (wpm), then you can't fixate on most of the words and general understanding will decrease (Nation, 2005; Rayner, 1998).

6. The most common reading purpose is to read for general understanding and we want language learners to at least have the option to be able to read faster.

7. Increasing reading fluency starts a virtuous cycle: read faster -> read more -> understand more -> enjoy more (Nuttall, 1996).

8. Success on standardized reading tests often requires reading fluency.

9. Graphing the progress is motivating and gives the students and the teacher visual feedback.

10. The teacher gets a break while the students work independently.

11. Students will develop an "I can" attitude towards reading independently.

12. It is recommended that a speed reading course supplement a self-selected reading program. The speed reading course would then serve the immediate purpose of helping students read more and support reading for pleasure and with fluency. Since extensive reading has also been shown to increase reading fluency (Beglar & Hunt, 2014), then gains can be maintained and further developed after the speed reading course.

13. All the positive effects of a 30 passage speed reading course can be obtained in 5 hours time (10 minutes a day, 3 days per week, for 10 weeks).

The Research on the Positive Effects of a Speed Reading Course

1. 8 studies of speed reading in an L2/FL context demonstrate that it is an effective and efficient way of improving reading fluency (Bismoko & Nation, 1974; Bjorn & Dalton, 2011; Chang, 2010, 2012; Chung & Nation, 2006; Macalister, 2008, 2010; Yen & Nation, 2014).

a. The average speed gains on the immediate posttests ranged from 28-119 wpm.

b. The average speed gains were 20-52 wpm on delayed posttests.

c. The average comprehension gains on immediate posttests of the 4 studies reporting comprehension scores ranged from -3.7 to 25 points (out of 100).

d. Comprehension increased in the 2 studies reporting delayed posttest comprehension scores.

2. Speed gains were gradual and continued throughout the course (Chung & Nation, 2006; Yen & Nation, 2014).

3. Reading fluency in one language transferred to reading fluency in other languages (Bismoko & Nation, 1974; Cramer, 1975; West, 1941).

4. Reading rates transferred to different genres and unpracticed texts (Macalister, 2010; Yen & Nation, 2014).

5. Subjects reported that speed reading increased their concentration, confidence, and knowledge (Chang, 2010, 2012).

6. Speed reading increased language memory span (Yen & Nation, 2014).

Speed Reading Course

1. Intensive Speed Reading Course:

If the students are already competent readers at the 300 word level, then the course can be followed intensively. Students can choose any of the readings such that not every student has to be doing the same reading. Although, students may want to follow the readings in a rough order from first to last, given that the course is graded, so as to build confidence. Make copies of the speed reading progress graph for all students to save, e.g. store in a folder or staple to the back cover of their notebooks. In research studies, speed reading is done at least once per week and three times per week is recommended (Chung & Nation, 2006). Students can repeat speed readings. The readings can be completed as homework. Non-classroom learners can complete the entire course at home.

Assess Readability:

1. The purpose of the activity is primarily to build reading fluency, not to acquire new language. Students should ideally know 98%+ of all words in the stories in order to obtain adequate comprehension (Hu & Nation, 2000; Schmitt, Jiang, Grabe, 2011). To check that the readings contain known language, you can have students complete the 300 Word Level Test located towards the end of this book. Content words (nouns, verbs, adjectives, adverbs) are those that usually carry the main information and have a larger impact on comprehension. If more than 2% of the 245 content words (5 words) are unknown, then the readings may be too hard, although background knowledge and context may overcome deficiencies in vocabulary knowledge.

2. Since knowing a word out of context is not the same as reading skill, the comprehension score on a few of the speed readings from the second half of the course may be a better measure of whether the readings are too difficult.

2. Intermittent Speed Reading Course:

Since the readings parallel those from the student book *Spanish NEW Mini-stories for Look, I Can Talk!* (LICT), any teacher using LICT can use the corresponding speed reading. There do not appear any words in a speed reading or quiz that have not appeared in stories from the current or previous chapters of LICT, except for cognates or glossed words. The speed reading can substitute for or supplement the timed, five minute fluency writing already utilized by many TPRS® practitioners. In fact, it is likely that beginner students find more comfort in a receptive fluency activity (speed reading) than a productive fluency activity (writing). The speed reading would be a comprehension-based performance assessment, while also building reading fluency and providing more comprehensible input.

Procedure: Teacher's Instructions to Students

1. I am going to hand out a manual that contains readings, quizzes, and an answer key. You will also need a pencil, a piece of scrap paper, and your graph. *Teacher hands out materials.*

2. Open your manual to the reading you will do, place the manual face down on your desk or cover the reading with the graph, and record the date and number of the reading on your graph.

3. You are going to read a short story as fast as you can. Do not point to the words with your finger or a pen, because this will slow down your reading. When you finish, look up at the time and mark your time rounded to the nearest multiple of ten on the graph. Time is converted to words per minute on the right-hand side of the graph. *Teacher projects an online stopwatch.*

- *Without online stopwatch: Teacher writes times on the board (1:00, 1:10, . . . 6:00). The teacher takes time and erases the time from the board as time passes. Tell students:* Record the next time not erased from the board.

4. When you finish reading, do not wait for everyone to finish. Flip to the quiz and without looking back at the passage, answer the 10 multiple choice questions on the scrap paper. Do not write on the manuals. Respond from memory. The questions are about main ideas, not the little details. Therefore, you should read fast and not worry about memorizing all the specifics. The goal is to read as fast as you can and still comprehend. Aim for 250-300 words per minute and a 70% on the quiz. (The teacher may set the goal for level 1 students at 150 wpm). If you get higher than a 70%, then you should be trying to read faster.

- *If you include self-selected reading in your program, then tell students:* When you choose something to read on your own, it should be at a level that allows you to read fast for general understanding just as you do during the speed reading activity.

5. When you finish the quiz, flip to the answer key. Without looking back at the quiz questions, use the answer key to grade your own responses. Record your score on the graph.

6. When you have finished, pass in your materials and … (e.g. read your self-selected book). You may not re-read or study any of the passages or quizzes.

* Once a routine is established, students complete the activity independently in 10 or fewer minutes.
* It is expected that all students can finish the reading in under 6 minutes, but if not finished the student stops reading and records 6 minutes as the time. To help struggling students, have them do repeated speed readings of previous passages, give them some information about the text before they read, and/or let them preview the questions before reading.

Speed Reading References

Beglar, D., & Hunt, A. (2014). Pleasure reading and reading rate gains. *Reading in a Foreign Language, 26*(1), 29-48.

Bismoko, J., & Nation, I. S. P. (1972). Reading speed and transfer of training. *Publikasi Ilmu Keguruan Sastra Seni, 2*(2), 3–5.

Chang, C-S. (2010). The effect of a timed reading activity on EFL learners: Speed, comprehension, and perceptions. *Reading in a Foreign Language, 22*(2), 43–62.

Chang, C-S. (2012). Improving reading rate activities for EFL students: Timed reading and repeated oral reading. *Reading in a Foreign Language, 24*, 56–83.

Chung, M., & Nation, P. (2006). The effect of a speed reading course. *English Teaching, 64*(4), 181–204.

Cramer, S. (1975). Increasing reading speed in English or in the national language? *RELC Journal, 6*, 19–25.

Dalton, S., & Bjorn, F. (2011). Optimizing speed reading practice for reading fluency: How many practice sessions are enough? *Ryukoku University Institutional Repository, 20*, 21-29. Retrieved from http://repo.lib.ryukoku.ac.jp/jspui/handle/10519/985.

Davies, M. (2006). *A Frequency Dictionary of Spanish: Core Vocabulary for Learners.* New York: Routledge.

Hu, M., & Nation, I. S. P. (2000). Unknown vocabulary density and reading comprehension. *Reading in a Foreign Language, 13*, 403-430.

Krashen, S. (1982). *Principles and practice in second language acquisition.* Englewood Cliffs, NJ: Prentice Hall.

Macalister, J. (2008). Effect of a speed reading course in an English as a second language environment. *TESOLANZ Journal, 16*, 23–32.

Macalister, J. (2010). Speed reading courses and their effect on reading authentic texts: A preliminary investigation. *Reading in a Foreign Language, 22*(1), 104–116.

Millett, S., Quinn, E., & Nation, P. (2007). *Asian and Pacific speed readings for ESL learners.* Wellington: English Language Institute Occasional Publication.

Nation, I. S. P. (2005). Reading faster. *PASAA, 36*, 21–35.

Nuttall, C. (1996). *Teaching reading skills in a foreign language.* Oxford, UK: Heinemann.

Ray, B. (2015). *Spanish NEW Mini-stories for Look, I Can Talk! Student Book.* Utah: Blaine Ray Workshops.

Rayner, K. (1998). Eye movements in reading and information processing: 20 years of research. *Psychological Bulletin, 124(3)*, 372-422.

Schmitt, N., Jiang, X. and Grabe, W. (2011), The Percentage of Words Known in a Text and Reading Comprehension. *The Modern Language Journal, 95*(1): 26–43

West, M. (1941). *Learning to read a foreign language and other essays on language-teaching* (2nd ed.). London: Longman.

Yen, T. T-N., & Nation, P. (2014). Reading speed improvement in a speed reading course and its effect on language memory span. *Electronic Journal of Foreign Language Teaching, 11*(1), 5-20.

Speed Reading Progress Graph

Name: _____

1. Write the date and the reading number (#).
2. Put an **X** in the box that shows your reading time and words-per-minute (wpm).
3. Write your comprehension score in the box under the reading number.

time														wpm
1.00														400
1.10														343
1.20														300
1.30														267
1.40														240
1.50														218
2.00														200
2.10														185
2.20														171
2.30														160
2.40														150
2.50														141
3.00														133
3.10														126
3.20														120
3.30														114
3.40														109
3.50														104
4.00														100
4.10														96
4.20														92
4.30														89
4.40														86
4.50														83
5.00														80
5.10														77
5.20														75
5.30														73
5.40														71
5.50														69
6.00														67
Date														
#														
Score														

300 Word Level Test

Instructions: Mark all the words you do NOT know. Content words are in regular print and function words are in bold.

__ **a**	__ clase	__ encontrar	__ ir	__ **ni**	__ principio	__ social
__ abrir	__ comenzar	__ entender	__ **la**	__ ninguno	__ problema	__ solo
__ acabar	__ **como**	__ entonces	__ lado	__ niño	__ producir	__ sólo*
__ aceptar	__ cómo	__ entrar	__ largo	__ no	__ propio	__ **su**
__ además	__ **con**	__ **entre**	__ **le**	__ noche	__ pueblo	__ tal
__ agua	__ conocer	__ escribir	__ leer	__ nombre	__ **pues**	__ también
__ ahí	__ conseguir	__ ese	__ llegar	__ **nos**	__ punto	__ tampoco
__ ahora	__ considerar	__ **eso**	__ libro	__ *nosotros*	__ **que**	__ tan
__ **algo**	__ contar	__ español	__ llamar	__ nuestro	__ **qué**	__ tanto
__ alguno	__ **contra**	__ esperar	__ llevar	__ nuevo	__ quedar	__ tarde
__ allí	__ convertir	__ estar	__ **lo** *art.*	__ nunca	__ querer	__ **te**
__ alto	__ cosa	__ este	__ **lo** *pron.*	__ **o**	__ **quien**	__ tema
__ amigo	__ crear	__ **éste***	__ luego	__ obra	__ **quién**	__ tener
__ año	__ creer	__ esto	__ lugar	__ ocurrir	__ quizás	__ terminar
__ **ante**	__ **cual**	__ existir	__ luz	__ oír	__ razón	__ tiempo
__ antes	__ cualquier	__ familia	__ madre	__ ojo	__ realidad	__ tierra
__ aparecer	__ **cuando**	__ fin	__ malo	__ otro	__ realizar	__ tipo
__ aquel	__ cuanto	__ forma	__ manera	__ padre	__ recibir	__ todavía
__ aquí	__ cuatro	__ formar	__ mano	__ país	__ recordar	__ todo
__ así	__ cuenta	__ frente	__ mantener	__ palabra	__ relación	__ tomar
__ aún	__ cuerpo	__ fuerza	__ **más**	__ papel	__ resultar	__ trabajar
__ **aunque**	__ cuyo	__ ganar	__ mayor	__ **para**	__ saber	__ trabajo
__ **bajo**	__ dar	__ general	__ **me**	__ parecer	__ sacar	__ traer
__ bastante	__ **de**	__ gente	__ medio *n.*	__ parte	__ salir	__ tratar
__ bien	__ deber	__ gracia	__ medio *adj*	__ partir	__ santo	__ tres
__ blanco	__ decir	__ grande	__ mejor	__ pasar	__ **se**	__ último
__ bueno	__ dejar	__ grupo	__ menos	__ paso	__ seguir	__ **un/una**
__ buscar	__ dentro	__ haber	__ mes	__ pedir	__ **según**	__ único
__ cabeza	__ **desde**	__ hablar	__ **mi**	__ pensar	__ segundo	__ uno
__ cada	__ después	__ hacer	__ **mientras**	__ pequeño	__ señor	__ **usted**
__ caer	__ día	__ **hacia**	__ mil	__ perder	__ sentido	__ varios
__ calle	__ dinero	__ **hasta**	__ mirar	__ permitir	__ sentir	__ venir
__ cambiar	__ dios	__ hecho	__ mismo	__ **pero**	__ ser	__ ver
__ cambio	__ distinto	__ hijo	__ modo	__ persona	__ servir	__ verdad
__ campo	__ **donde**	__ historia	__ momento	__ poco	__ **si**	__ vez
__ casa	__ dos	__ hombre	__ morir	__ poder	__ sí	__ vida
__ casi	__ durante	__ hora	__ mucho	__ político	__ siempre	__ viejo
__ caso	__ ejemplo	__ hoy	__ mujer	__ poner	__ siglo	__ vivir
__ ciento	__ **él/ellos**	__ humano	__ mundo	__ **por**	__ **sin**	__ volver
__ cierto	__ **el/la**	__ idea	__ muy	__ **porque**	__ embargo	__ **y**
__ cinco	__ **ella/ellas**	__ igual	__ **nada**	__ posible	__ **sino**	__ ya
__ ciudad	__ empezar	__ importante	__ **nadie**	__ presentar	__ situación	__ **yo**
__ claro	__ **en**	__ incluso	__ necesitar	__ primero	__ **sobre**	

* Following the guidelines of the Real Academia Española, the adverb "sólo" and demonstrative pronoun "éste" are not accented in the readings.

Non-Cognates Over the 300 Word Level

aburrir	- to bore	ocho	- eight
ayudar	- to help	pagar	- to pay
bailar	- to dance	partido	- game
baño	- bathroom	perro	- dog
boleto	- ticket	pobre	- poor
bonito	- beautiful	preguntar	- to ask, question
cantar	- to sing	quince	- fifteen
chico	- boy	regalo	- present (noun)
comer	- to eat	regresar	- return
comprar	- to buy	rojo	- red
correr	- to run	ropa	- clothing
cuidar	- to take care of	seguro	- safe, sure
cumplir	- to complete, turn	sentarse	- to sit oneself
cumpleaños	- birthday	sorprendido	- surprised
diez	- ten	ti	- you
dueño	- owner	tienda	- shop
equipo	- team	treinta	- thirty
gato	- cat	triste	- sad
gritar	- to yell	tu	- your
gustar	- to please, like	tú	- you
hermanos	- siblings	veinte	- twenty
hola	- hello	verde	- green
jugar	- to play	viajar	- to travel
leche	- milk	zapatos	- shoes
negro	- black		
novia	- girlfriend		

The words that are not easily understood from context and that may affect general understanding of the passage are glossed at the first occurrence of the word in the speed reading course and again if they are key to understanding another passage.

Cognates

accidente	brontosaurio	crear	espaguetis	fuerza
acción	bus	criatura	especial	funciona
aceptar	cactus	crimen	espía	fútbol
acompañar	cafetería	criminal	esposo	americano
actitud	cámara	cristal	esquiar	galaxia
actor	campeón	cruel	estación	general
actuar	cancelar	cueva	estadio	genio
aerolínea	capa	decidir	estados	gigante
aeropuerto	capturar	declarar	estatua	gimnasio
afectar	carro	defender	esteroides	gorilas
agencia	catástrofe	deliciosa	estilo	grados
agente	causar	depender	estudio	gramos
agosto	celebrar	desastre	estúpido	habilidad
americano	cemento	desesperado	exactamente	hábito
ángeles	centro	desierto	examinar	hamburguesa
animal	cereal	desilusionado	excelente	helicóptero
anunciar	chef	desorganizado	excepción	héroe
aparecer	cheque	destruir	excepto	historia
apartamento	chocolate	detalles	exclamar	hockey
aparte	círculo	detective	excusa	honor
arquitecto	clarinete	determinado	existir	hora
arrestar	clase	diamante	experiencia	hospital
arrogante	cliente	diciembre	experto	hotel
artista	clima	dieta	explicar	humanos
asistente	clóset	diferente	explorar	húmedo
atacar	clubes	difícil	expulsar	humor
atención	coleccionar	dinosaurios	extra	idea
atlético	color	dirección	extraterrestre	ideal
atractivo	combate	distancia	fama	identidad
atrapar	comenzar	distinto	familia	idiota
aventura	comparación	doctor	famoso	iglús
bacteria	competitivo	dólares	fans	ilegal
bailarín	computadora	donas	fantasma	imagen
bananas	concentrar	dormitorio	fantástica	importar
banda	concierto	dragón	favor	imposible
barbacoa	condiciones	ejercicio	favorito	impresionar
básquetbol	conducta	elfo	filosofía	incluso
batear	construir	eliminar	final	increíble
béisbol	contemplar	emocionado	físicas	información
bicicleta	contento	empleado	flexible	ingrediente
bikini	continuar	empleo	flores	inicio
bistec	controlar	enfrente	forma	inmediato
bola	conveniente	enorme	foto	inocente
bote	convertir	entrar	frecuencia	insecto
botón	correcto	error	frustrado	insiste
boxear	costar	escaparse	frutas	inspeccionar

inspiración
instante
instrucciones
instrumento
inteligente
interesar
Internet
inventar
invisible
invitar
jardín
jonrones
julio
junio
karate
laborioso
lámpara
lecciones
león
listas
magia
mago
mamá
manera
mansión
mantener
mapa
maratón
marcar
material
medalla
medicamento
melones
memorizar
mensaje
menú
metal
microscopio
millón
minuto
misión
misterios
momento

monstruo
montaña
músculos
música
necesario
nervioso
normal
nuclear
número
obsesionado
obeso
objetos
observar
obvio
ocasiones
océano
ocupada
ocurrir
ofender
oficina
ogro
opción
opinar
oportunidad
organizar
pacientes
página
palacio
pánico
pantalones
papá
par
parque
parte
participar
pasado
pasar
pasta
peras
perfecta
perfume
permitir
persona

piano
ping-pong
pino
pistola
pitcher
pizza
plan
planeta
planta
plástica
plato
plaza
policía
político
popular
posible
posición
practicar
precio
precioso
preferir
prehistóricos
preocupar
preparar
presentar
presidente
prevenir
princesa
príncipe
prisión
privado
probablemente
problema
profesional
prohibido
proteína
pterodáctilo
publicación
diaria
puercos
rancho
rápido

raqueta
ratón
razón
real
realidad
recibir
recomendar
refrigerador
región
relación
reno
renovar
reputación
requerir
resistir
resolver
responder
restaurante
resultar
retirarse
rico
robar
robot
rocas
salsa
saxofón
sección
secretario
secreto
seleccionar
separar
serios
servicio
servir
silencio
símbolo
simpático
simple
situación
solución
sorpresa
suéter
suficiente

sultán
súper
superhéroe
supermercado
supervisor
teatro
teléfono
televisión
temperatura
tenis
tentación
tigre
tobogán
tocar
tomate
tradición
transporte
triangulares
triciclo
trofeo
trompeta
unicornios
unidos
universidad
urgente
usar
vacación
vagabundo
vampiro
varios
vegetales
vegetariana
velocidades
vender
video
videojuego
violento
visitar
volcán
voz
voto
yanquis
zombis

I. Ratatouille

chico – boy

Hay un ratón. Es un chico. El chico es Ratatouille. Ratatouille es un chef. Quiere preparar espaguetis. Ratatouille no está contento. Tiene un problema. No está contento porque no tiene la pasta. Tiene la salsa de tomate. No tiene el otro ingrediente importante. No tiene la pasta. Ratatouille está en un restaurante. El restaurante está en Texas. Está en Dallas, Texas. Ratatouille quiere la pasta. Quiere la pasta en su restaurante.

Ratatouille va a Orlando, Florida. Va a un restaurante en Orlando. Hay un chico en el restaurante. El chico es Mickey. Mickey no es un chef. Mickey es un actor. Mickey está en el restaurante, pero no es un chef. Es un cliente en el restaurante. Ratatouille le dice a Mickey:

- Hola. Soy Ratatouille. Tengo un problema. Quiero espaguetis. Quiero pasta. Tengo la salsa de tomate. No tengo la pasta. ¿Tienes pasta?

Mickey no tiene salsa de tomate y no tiene pasta. Mickey no tiene los ingredientes porque no es un chef. Mickey le dice:

- Hola. Soy Mickey. No soy un chef. No tengo pasta.

Ratatouille no está contento. Mickey no le da la pasta. Quiere pasta, pero el ratón en Orlando no tiene pasta. Ratatouille va a México. Va a un rancho. Hay un ratón en el rancho. El ratón es González. Ratatouille va a González y le dice:

- Hola. Tengo un restaurante. El restaurante está en Texas. Quiero espaguetis en mi restaurante, pero no tengo pasta. Quiero pasta. ¿Tienes pasta?

- No tengo pasta. Tengo salsa de tomate. ¿Quieres salsa de tomate?

Ratatouille no está contento. No quiere salsa de tomate porque tiene salsa de tomate. Quiere pasta. Ratatouille le dice:

- Gracias, pero no quiero salsa de tomate. Tengo salsa de tomate.

González no le da pasta a Ratatouille. González no le da salsa de tomate a Ratatouille. Ratatouille no está contento.

Ratatouille va a un hotel. El hotel está en California. Está en Hollywood, California. Hay un ratón en el hotel. El ratón es Jerry. Jerry es un actor. Ratatouille va a Jerry y le dice:

- Soy Ratatouille. Soy un chef. Quiero preparar espaguetis en mi restaurante. Tengo un ingrediente. Tengo la salsa de tomate. No tengo la pasta. Quiero la pasta. ¿Tienes pasta?

- Soy Jerry. Sí, tengo pasta. ¿Quieres salsa y pasta?

Ratatouille no quiere salsa. Le dice:

- No quiero salsa. Quiero pasta. ¿Me das la pasta?

Jerry le da pasta a Ratatouille. Ratatouille está contento.

2. Squidward

le gusta – to him it pleases (he likes)   *pobre - poor*

Hay un chico. Se llama Squidward. Squidward está en Bikini Bottom. Está en su casa en Bikini Bottom. A Squidward le gusta Bikini Bottom, pero hay un problema. Squidward no tiene un clarinete. A Squidward le gusta la música. Es un músico. Tiene un piano, pero no tiene un clarinete. No está contento porque quiere el instrumento. Necesita un clarinete. No necesita un piano. Tiene un piano pero necesita un clarinete.

Squidward va a un restaurante. El restaurante se llama Krusty Krab. En el restaurante hay un chico. El chico es un amigo. El amigo se llama Bob. Bob es un amigo de Squidward. Squidward va a Bob y le dice:

- Hola Bob. Tengo un problema. Me gusta la música y tengo un piano. Pero no tengo un clarinete y me gusta la música del clarinete. ¿Tienes un clarinete?

- Hay muchos clarinetes en Bikini Bottom y yo tengo un clarinete. Pero no tengo un clarinete extra.

Squidward no está contento. Bob no le da un clarinete. Bob no está contento porque no le da un clarinete a Squidward. Bob le dice a Squidward:

- No estoy contento. Quiero darte un clarinete. Tengo un amigo. Se llama Patrick. Patrick tiene clarinetes.

Squidward va a la casa de Patrick. Patrick tiene clarinetes. Necesita un clarinete de Patrick. Pero hay un problema. Patrick no está en la casa. Pobre Squidward.

Squidward va a la mansión de Sandy. Sandy es una chica. Es una amiga de Squidward. A Sandy le gusta la música del clarinete. Sandy es una artista de música. Sandy está en la mansión. Squidward va a Sandy y le dice:

- Hola amiga. Necesito un clarinete. Me gusta la música del clarinete. A ti te gusta el clarinete. ¿Tienes un clarinete extra?

- Me gusta el clarinete y tengo clarinetes. Quiero darte un clarinete. Pero hay un problema. Necesito mis clarinetes. No tengo clarinetes extras. Tengo un piano extra.

Squidward tiene un piano y no necesita un piano extra. Necesita un clarinete. Sandy no le da un clarinete y no le da un piano. Squidward le dice:

- Me gusta el piano. Pero no necesito un piano. ¿Tienes amigos que tienen clarinetes?

Sandy le dice que hay una bacteria que se llama Plankton. Plankton tiene instrumentos. Plankton no tiene amigos. A Plankton no le gustan las personas. Squidward necesita un clarinete, pero no es un amigo de Plankton. Squidward no va a Plankton. Pobre Squidward.

3. Batman

gata – female cat

Hay un chico. Es un superhéroe. Se llama Batman. Vive en Gotham. Vive en una mansión en Gotham. Batman vive con un chico. El chico se llama Robin. Robin es un superhéroe amigo de Batman. Batman no está contento porque Robin no tiene una capa. Robin no tiene una capa. Necesita una capa. Es un problema grande, porque los superhéroes necesitan capas.

Batman y Robin tienen un asistente. El asistente se llama Alfredo. No es un superhéroe. Alfredo vive en la mansión con Batman y Robin. Batman va a Alfredo y le dice:

- Quiero una capa para Robin. ¿Me das una capa?

- No tengo una capa. ¿Su amigo Gordon no tiene una capa?

Batman tiene un amigo policía. Se llama agente Gordon. Batman quiere una capa para Robin. Batman va a la estación de la policía. Batman va hacia Gordon. Le dice:

- Hola amigo. Necesito un favor. Robin no tiene una capa. Quiero una capa para Robin. ¿Tienes una capa para Robin?

- Hola Batman. Quiero dar una capa a Robin. El problema es que no tengo capas. No soy superhéroe. Simplemente soy una policía.

Batman no está contento y Gordon no está contento. Gordon necesita a Batman y necesita a Robin. Gordon quiere dar una capa a Batman, pero no tiene capas.

Batman tiene una amiga. Se llama Rachel. A Batman le gusta Rachel. Rachel está en su oficina. Batman va hacia la oficina. Batman le habla:

- Necesito una capa para Robin.

- Tengo una capa y no necesito una capa porque no soy superhéroe.

Rachel le da una capa a Batman. Batman está contento. Batman va a su mansión. Le da la capa a Robin. Pero hay un problema. La capa es muy grande. Robin no es grande. Robin necesita una capa más pequeña. Batman y Robin no están contentos.

Batman va hacia su carro. Su carro se llama el Batmóvil. Batman va en su carro al apartamento de una amiga. La amiga se llama la Chica Gata. La Chica Gata vive sola en el apartamento. Batman le habla a la Chica Gata:

- Hola amiga. ¿Tienes una capa extra para mi amigo? Quiero una capa para Robin. Robin necesita una capa.

La Chica Gata va hacia su clóset. En su clóset hay muchas capas. La Chica Gata le da una capa a Batman. Es la capa perfecta para Robin. Batman va a su mansión. Le da la capa a Robin.

4. Harry Potter

compra – buys   *hermanos - siblings*

Hay un chico. Se llama Harry. Es un chico especial. Es especial porque es un mago. Se llama Harry Potter. Es un mago famoso. Harry está en Hogwarts. En Hogwarts hay clases para magos. Harry necesita una cámara para una clase. Quiere tener una cámara con un microscopio. Generalmente, los magos tienen cámaras con microscopios. No hay muchas cámaras con microscopios. Harry necesita buscar una cámara.

Harry va a su amiga. Su amiga se llama Hermione. Hermione es un mago. Harry le dice:

– ¿Dónde hay una cámara con un microscopio?

Hermione está en la clase con Harry. Para Hermione las clases son muy importantes. Tiene una cámara con un microscopio, pero no tiene una cámara extra. Hermione tiene un plan. Hermione busca en Google. Busca en la sección "cámaras para magos." La sección dice que hay cámaras especiales en Diagon Alley. Hay un chico en Diagon Alley que tiene cámaras. Harry va a Diagon Alley. Va al chico que tiene las cámaras. Le dice:

– Soy Harry Potter. Quiero tener una cámara con un microscopio.

El chico en Diagon Alley le responde:

– Tengo muchas cámaras especiales pero no tienen microscopios. Tengo mapas mágicos. Habla con un mapa mágico y el mapa mágico le dice donde hay cámaras con microscopios.

Harry no está contento porque el chico no tiene la cámara que quiere. No necesita un mapa, pero no tiene otras opciones. Harry compra el mapa y el chico le da el mapa a Harry. Harry le dice al mapa:

– Es importante para mí tener una cámara para mi clase. ¿Dónde hay cámaras con microscopios?

En el mapa hay un símbolo que marca donde hay cámaras con microscopios. ¡Hay muchas cámaras en una casa! Harry está contento por un momento. Pero Hermione le dice:

– Hay un problema. Todas las cámaras están en la casa de un dragón.

Ahora Harry no está contento. Va a su amigo Ron. Le dice a Ron la situación. Ron es de una familia grande. Tiene muchos hermanos. Su familia es pobre. Ron tiene una idea. Ron le dice a Harry:

– Tienes una capa invisible. Usa la capa, pasa el dragón, y entra a la casa.

A Harry no le gusta el plan. Harry tiene un amigo que se llama Hagrid. Hagrid es una persona muy grande. Hagrid tiene dragones. Generalmente los dragones son violentos. A Harry no le gustan los dragones. Pero Harry no tiene otras opciones.

5. LeBron James

zapatos - shoes   *triste – sad*   *pregunta – asks*

Hay un chico que se llama LeBron James. Es un campeón y tiene dos trofeos de básquetbol. Tiene dos trofeos de Miami. Va a Cleveland, Ohio porque quiere más trofeos. Ahora el chico vive en Cleveland, Ohio. Para tener otro trofeo, LeBron necesita zapatos especiales. Tiene dos trofeos de Miami porque tiene dos pares de zapatos especiales de Miami. Ahora necesita zapatos para Cleveland.

LeBron va a Foot Locker. Busca en la sección de zapatos de básquetbol. No mira los zapatos que necesita. Va a un empleado y le dice:

- Hola. Me llamo LeBron James.

- Mucho gusto. No necesitas decirme. Eres famoso. Es obvio que eres LeBron.

- Mucho gusto. ¿Cómo te llamas?

- Yo me llamo Alberto. ¿Cómo te puedo servir?

- Busco zapatos especiales. Quiero zapatos especiales porque quiero otro trofeo de básquetbol.

Alberto le dice que no hay más zapatos especiales en Foot Locker. Solo hay zapatos normales. LeBron no está contento. Está triste porque necesita una solución a su problema. Va a la calle y ve a una persona muy grande. La persona tiene zapatos especiales. LeBron va hacia el chico y le dice:

- Hola. Me llamo LeBron. ¿Cómo se llama?

- Mucho gusto. Me llamo Shaquille O'Neal, pero las personas solo me dicen Shaq.

LeBron le pregunta:

- ¿Vive aquí en Cleveland?

- No. Vivo en Orlando, pero no me gusta. Quiero vivir en Cleveland.

LeBron tiene una idea. LeBron tiene casas extras en Cleveland. Le puede dar a Shaq una casa extra y Shaq le puede dar un par de zapatos especiales. LeBron le dice:

- Yo le doy una casa aquí en Cleveland y usted me puede dar un par de zapatos especiales.

A Shaq le gusta la idea. LeBron le da una casa a Shaq y Shaq le da un par de zapatos especiales a LeBron. Ahora LeBron está contento, pero solo por un instante. Hay un problema con los zapatos. Es un par de zapatos muy grandes para LeBron. LeBron no puede usar los zapatos. Para LeBron no es importante dar una casa a Shaq porque LeBron tiene mucho dinero. Es importante tener zapatos especiales de Cleveland.

LeBron tiene otra idea. Va a la casa de un chico. El chico se llama Michael Jordan. Michael también tiene trofeos de básquetbol. Tiene más trofeos que Lebron. A Michael le gusta tener más trofeos que LeBron. LeBron habla con Michael. Michael le responde:

- Es importante para mí tener más trofeos.

6. Óscar

comprar - to buy   *come – eats*   *tú – you*

Hay un chico que se llama Óscar. Vive en la calle. Vive en la calle de Plaza Sésamo. Óscar no está contento porque no tiene una casa. Tiene pocos amigos porque no es simpático. Pero la solución a los dos problemas es tener una casa. Un amigo que se llama Ernie quiere comprarle una casa. Ernie vive en un apartamento en la Calle 123. Ernie quiere comprar una casa para Óscar. Ernie está en la calle y ve a Óscar. Habla con él. Le dice:

- Hola Óscar. ¿Cómo estás?

- No estoy muy bien. Quiero vivir en una casa, pero tengo muy poco dinero.

- No tengo dinero extra, pero quiero comprarte una casa.

Ernie vive con Bert, pero los dos no tienen dinero extra. Ernie va a la casa de un amigo. El amigo se llama Elmo. Ernie le pregunta:

- ¿Tienes una casa extra o dinero extra? Quiero comprar una casa para Óscar.

- No tengo una casa extra. Tengo un carro extra. ¿Quieres el carro?

- No gracias. No quiero el carro.

- Puedo dar el carro a Big Bird y ella me puede dar dinero. Puede usar el dinero para comprar una casa.

A Ernie le gusta la idea. Elmo le da su carro extra a Big Bird por 5.000 dólares y Big Bird le da el dinero a Ernie. Pero no es suficiente dinero para comprar una casa. Después, Ernie va hacia la casa de un monstruo. Ernie tiene solo un amigo que es rico. Es un monstruo. Se llama Cookie Monster. Es un monstruo que come muchos oreos. Ernie le pregunta:

- Hola. ¿Cómo estás?

- No estoy muy bien. Necesito más oreos.

- Tengo muchos oreos en mi apartamento. Te puedo dar los oreos y tú me puedes dar una parte de tu dinero. Quiero comprar una casa con el dinero para Óscar.

- Me gusta la idea, pero ¿Quién es Óscar?

Ernie le da una foto de Óscar al monstruo. El monstruo le dice:

- Su amigo está muy triste. Tengo mucho dinero extra. Me das los oreos que tienes en tu casa y te doy el dinero que necesitas.

- Muchas gracias. Eres muy simpático.

Ernie va a su apartamento y busca todos los oreos que tiene. Va al monstruo con los oreos. Le da todos los oreos a Cookie Monster. El monstruo le da 20.000 dólares. Ernie compra una casa y va a Óscar. Le dice:

- Tengo una casa nueva para ti.

7. Timón

Hay un animal. Es un chico. Se llama Timón. Vive en Pride Rock. Tiene un problema. No hay mucho para comer en Pride Rock. Timón come insectos, pero Pride Rock es un desierto. No hay tantos insectos como en una montaña. También, el desierto no es tan bonito como una montaña. Timón quiere vivir en las montañas. Timón no tiene amigos. Tiene que buscar solo dónde vivir. Sale de Pride Rock y comienza a buscar una montaña. Timón está buscando una montaña y ve a otro animal. Va al animal y le dice:

- Hola. Soy Timón. ¿Cómo te llamas?

- Mucho gusto. Me llamo Pumba.

- Quiero vivir en una montaña. Como insectos y hay menos insectos en el desierto. ¿De dónde eres?

- Yo también como insectos. Soy de una montaña y hay insectos tan grandes como un ratón.

Timón le dice:

- Es increíble. ¿Cuántos insectos puedes comer en una hora?

- Puedo comer veinte insectos en una hora.

Timón va con Pumba a su montaña. Timón está muy contento. Ahora vive en una montaña, tiene muchos insectos para comer, y tiene un amigo. Timón comienza a comer insectos. Está comiéndolos muy rápido. Puede comer tan rápido como Pumba. Los dos están contentos.

Ahora, en Pride Rock, existe un problema. Mufasa es un león muy importante, pero tiene un accidente. Mufasa ya no existe. Simba es un león y es el hijo de Mufasa. Timón y Pumba están en el desierto y ven a Simba. Simba está solo. Parece que Simba está muy triste. Timón le dice que no es una buena idea hablar con leones, pero Pumba le dice:

- Hola león. Soy Pumba. Mucho gusto. ¿Cómo estás?

El león le responde:

- Soy Simba. Ya no tengo un papá. Ya no quiero vivir.

Timón y Pumba hablan con Simba de su filosofía que se llama Hakuna Matata. Ninguno de los animales que acepta la filosofía está triste.

Pumba le dice:

- Ya no tienes que vivir en el desierto. Puedes vivir en la montaña.

- No lo puedo hacer.

Timón le responde:

- Parece que no tienes otra opción.

Simba va a la casa de Timón y Pumba. Simba no sabe que tiene que comer insectos. No le gustan los insectos. Timón y Pumba le dicen:

- Son deliciosos.

Simba come un insecto y le gusta. Comienza a comer más. Come ciento un insectos. Timón dice:

- Este león puede comer más insectos en una hora que Pumba.

8. Goldilocks

dueño - owner

Hay una chica. Está triste porque no le gusta donde está su casa. La chica es llamada Goldilocks. Ella vive con una familia de animales amigos. Su situación es aún más triste porque la casa tiene solamente un dormitorio, un baño, y ninguna oficina. La casa está en Tonto National Forest, Arizona. Goldilocks le dice a su familia:

- Familia, los quiero mucho, pero ya no quiero vivir aquí.

La familia no quiere vender la casa. Es pequeña, pero la familia tiene muchos años de estar en la casa. Goldilocks decide salir sola a buscar otra casa. Va a un pueblo en Las Vegas, Nevada. Goldilocks está en el pueblo y le pregunta a las personas si saben si hay casas para comprar. Por fin, Goldilocks encuentra tres puercos que quieren vender sus tres casas. Los tres animales son hermanos. Los puercos van con Goldilocks para ver las casas. Primero, Goldilocks llega a una casa pequeña. Parece que la casa es de flores. Goldilocks le dice:

- Es tan bonita como mi casa en Arizona, pero quiero tener una casa más grande.

Entonces, Goldilocks visita una casa de pino. Ella mira la casa y le gusta. Es aún más bonita que la primera casa. Le pregunta a los tres puercos hermanos:

- ¿Cuántos dólares cuesta la casa?

- Cinco millones doscientos y cinco dólares.

Goldilocks no es rica. Por eso, no quiere comprar una casa por tanto dinero. Por fin, llega a una casa de cemento. No es una casa tan bonita como la primera, pero de todos modos es bonita. Goldilocks examina la casa. Encuentra un problema. La casa tiene algunos dormitorios y algunos baños, pero no tiene una oficina. Goldilocks no quiere comprarla.

Ahora, Goldilocks tiene otra idea. Esta vez va a Hollywood, California. Ella sabe que en Hollywood hay muchas casas bonitas. Está en la calle de Hollywood y ve que algunas casas son grandes y algunas son pequeñas. Por fin, encuentra la casa perfecta para ella. Esa casa está en medio de dos otras casas. La primera casa es muy pequeña y la segunda casa es muy grande. La casa de en medio no es pequeña, pero no es muy grande. Es perfecta. Goldilocks busca el dueño de la casa. Lo encuentra en el Estudio Sony. El dueño es un actor llamado Brad Pitt. Goldilocks le pregunta:

- ¿Quieres vender tu casa?

- Te doy la casa si me das doscientos dólares.

9. Michael Jordan

juega – he plays   *aburrida – bored*

Hay un hombre que se llama Michael Jordan. Juega básquetbol y es famoso. Es aún más famoso que Kobe Bryant. A Michael le gusta jugar básquetbol de día, pero tiene un problema. Una noche está en su dormitorio y está aburrido. No sabe qué hacer. El básquetbol es un juego interesante de día y Michael quiere participar en algún juego diferente de noche.

Llama desde su dormitorio a un amigo quien vive en Nueva York. Su amigo se llama Derek Jeter. Derek juega béisbol y es famoso, pero no tan famoso como Michael. Derek le responde:

- ¡Hola! ¿Cómo está amigo?

- No estoy bien. Tengo una vida mala. De día nunca estoy aburrido, pero de noche estoy aburrido. Béisbol es un juego interesante. ¿Usted puede darme clases de béisbol?

- Tengo muchos años de jugar béisbol. Ya no juego béisbol. Me retiré. No le puedo dar clases. Ahora juego mucho Bingo. Es un juego excelente. Vamos a mi casa y te doy clases de Bingo.

Michael está triste. No quiere clases de Bingo. Así que necesita buscar otra persona que le puede dar clases de béisbol. Tiene que ir hasta Florida para encontrar a esa persona. A Michael le parece que allí hay muchas personas que juegan béisbol. Pero cada persona con quien Michael habla le dice que en Florida no hay pero ni un bate para jugar béisbol. Nadie practica el béisbol porque en Florida el clima es muy húmedo y a nadie le gustan esas temperaturas. Michael habla hasta con una tenista. La tenista es una mujer y se llama Serena Williams. Es famosa también, pero no tanto como Michael. Michael le pregunta:

- ¿Usted me puede dar clases de béisbol?

Serena le responde:

- Nunca juego béisbol. Nadie nunca me pregunta por clases de béisbol. A usted le puedo dar clases de tenis. Vamos a mi casa y se las doy.

 - No gracias. Para mí el tenis es aburrido.

Michael no sabe qué hacer. Le parece que nadie le puede dar clases de béisbol. Va desde Florida hasta California, pero nadie le puede dar lecciones de béisbol. Así que Michael decide ir a Nueva York para estar con Derek. Le dice a Derek:

- No estoy seguro si el Bingo es el juego perfecto para mí, pero estoy tan aburrido.

Así que Derek comienza a dar clases de Bingo a Michael. Inmediatamente, Michael es un experto. Por fin, Michael no está aburrido.

10. Lady Gaga

ropa – clothing   *tienda - store*

Hay una artista famosa de música. La mujer se llama Lady Gaga. Es famosa por su música, pero también por su estilo distinto de vida. A ella no le gusta tener ropa normal ni comida normal. Cada año compra ropa y comida nueva. Hace un año, solo tenía ropa de metal y era una vegetariana. Ya no quiere un estilo así. Es un estilo viejo.

Entonces, Lady Gaga decide ir de compras. Siempre va a la misma tienda porque esa tienda le da inspiración. El nombre de la tienda es Toys R Us. Normalmente nadie va a Toys R Us para comprar su ropa. Es una tienda que tiene cosas como juegos para chicos. Lady Gaga entra en la tienda y primero busca un material para hacer sus pantalones. Va hacia un empleado y le pregunta:

- Busco algo para hacer pantalones.

El empleado le responde:

- Esta tienda tiene cosas para jugar. No hay pantalones ni suéteres aquí.

- No sé por qué me dicen lo mismo cada año. Y cada año encuentro mi ropa aquí.

Así que Lady Gaga tiene que buscar su ropa sola. Va hacia la sección de legos. Ella exclama:

- ¡Perfecto! Puedo hacer mis pantalones de legos. Es un estilo nuevo para mí. Nadie usa ropa así.

Entonces, ella compra muchos legos. Sale de la tienda. Llega a la casa de Willy Wonka donde quiere comprar su comida nueva y posiblemente más ropa. Le habla a Willy:

- Hola amigo. El año pasado compré mucha comida aquí. Busco comida diferente. ¿Qué tienes para mí?

- Mucho gusto Lady Gaga. Tengo la misma comida que el año pasado. No hay algo nuevo.

- Está bien. Este año quiero comer solamente frutas. No sé qué hacer. ¿Dónde puedo encontrar comida así?

Willy le da una recomendación. Así que Lady Gaga sale de la casa y va hacia una tienda que tiene muchas opciones de frutas. Una hora después, llega a Stop n Shop. Le pregunta a un empleado:

- ¿Tienen frutas en esta tienda?

- Sí, tenemos. Aquí hay muchas frutas.

El empleado lleva a Lady Gaga a la sección de frutas. Ve que hay algunas bananas, peras, melones, y muchas más frutas. Lady Gaga las compra. El empleado le dice:

- Sé que le gusta tener un estilo diferente de ropa. ¿Cómo le parece la idea de tener un suéter de tomates?

Lady Gaga no está segura si los tomates son frutas, pero los compra.

11. Shrek

novia - girlfriend

Hay un chico muy grande. Es un ogro llamado Shrek. Vive en Far Far Away. Shrek tiene un amigo que se llama Donkey. Los dos tienen novias. Un día Shrek decide que es una buena idea comprar algo para su novia Fiona. Fiona es una ogra también. Shrek va a la casa de Donkey y le dice:

\- Hola amigo. Tenemos muchos años de estar con nuestras novias y nunca les compramos cosas. Creo que es una buena idea ir a buscar algo para ellas.

\- Buena idea, amigo. Necesito dar una cosa fantástica a mi novia, Dragón. Pero, ¿Qué podemos comprar?

\- No sé. Vamos a la casa de Gingy. Él siempre sabe qué hacer.

Entonces, Shrek y Donkey van a la casa de Gingy. Cuando llegan, entran a la casa, y miran a Gingy. Le dice Shrek:

\- Queremos su opinión. Queremos comprar algo especial para nuestras novias. ¿Tienes alguna idea para nosotros?

\- Primero, necesito saber una cosa. ¿Qué les gusta a sus novias?

Donkey le responde:

\- A Dragón le gusta el perfume.

Shrek y Donkey deciden buscar perfume para sus novias. Ninguno sabe sobre los tipos diferentes de perfumes. Entonces, Gingy busca en el Internet para perfumes en Far Far Away. Resulta que Pinocho tiene una tienda y una colección grande de perfumes. Los amigos están contentos porque saben donde vive Pinocho. Entonces, van a la tienda de Pinocho. Llegan en cinco minutos. Shrek le dice a Pinocho:

\- Mucho gusto. Soy Shrek y este es mi amigo, Donkey. Buscamos perfumes para nuestras novias.

\- Mucho gusto. Me llamo Pinocho. El tipo de perfume depende de la novia.

\- Mi novia es una ogra.

\- Y mi novia es una dragona.

\- Lo siento chicos. Tengo perfumes para gorilas, dinosaurios, hasta tengo para unicornios, pero no tengo ningún perfume para ogros ni dragones.

Los amigos salen de la tienda muy tristes. Pinocho les dice a ellos:

\- No estén tristes. Tienen novias muy bonitas.

Después de hablar, Pinocho tenía una cabeza más grande.

A Shrek y a Donkey les importa comprar el perfume ideal para sus novias. Ahora saben que no es tan simple encontrar cosas para chicas.

\- Podemos ir a hablar con Cinderella. Ella es amiga de nuestras novias. Ella puede darnos una idea de dónde podemos encontrar los perfumes.

Entonces, van al palacio de Cinderella. Ella tiene perfume de ogros y dragones y se los da. Los llevan a sus novias y todos están contentos.

12. Jack

leche – milk   *pagar - pay*

Hay un chico. Se llama Jack. Vive con su mamá. Ellos son pobres. El chico está preocupado porque no tienen mucho dinero. Quiere dar dinero a su mamá para comprar una casa nueva. La mamá lee mucho sobre Cinderella y quiere tener una casa como la casa de ella.

Un día, la mamá le da leche a Jack y le dice:

- Necesitamos vender la leche en el supermercado.

Jack va hacia el supermercado y lleva la leche. Si el supermercado no está abierto, Jack no va a recibir dinero. El supermercado está en el centro de la ciudad. Cuando llega al supermercado, Jack ve que no está abierto. No sabe cómo va a encontrar el dinero que necesitan.

Vuelve a la casa. Está en la calle y ve a una persona. Es un hombre viejo. El hombre le habla:

- Mucho gusto. Estoy vendiendo unas cosas mágicas. Debe comprar unas.

- Lo siento. No te puedo pagar. No tengo dinero. Solo tengo esta leche.

- Está bien. Me dejas la leche y te doy lo que necesitas.

- ¿Sabes lo que necesito?

El hombre no le responde. Acepta la leche y le da unas cosas mágicas a Jack. Jack está contento, porque cree que las cosas son la solución a sus problemas de dinero.

Vuelve a la casa. Entra a la casa y le dice a su mamá lo que ocurrió. La mamá no está contenta. Jack deja las cosas enfrente de la casa. Si las cosas no son mágicas, va a ser imposible comprar una casa. Jack no lo puede creer. Las cosas ya no existen. Ahora hay una planta grande enfrente de la casa. Jack no ve el fin de la planta. Le queda una opción: explorar. Tiene que ver lo que puede encontrar.

Le toma dos horas a Jack para llegar al final de la planta. Por fin, llega a una casa súper grande. La casa está abierta. No sabe si debe entrar. Decide que no le queda otra opción. Entra y ve a una persona súper grande. El gigante le pregunta a Jack:

- ¿Quién eres? ¿Por qué estás aquí?

- Soy Jack. Soy de una familia pobre. Busco una solución.

- No tengo dinero, pero tengo pantalones especiales. Debes llevarlos a tu familia.

Jack está desilusionado. No quiere los pantalones. El gigante ve que Jack se ve preocupado. Le dice:

- Vas a encontrar lo que necesitas en los pantalones. Siempre tienen dinero.

13. *Justin Beiber*

bailar – to dance   *viaja – travels*   *novia - girlfriend*   *regresar – return*

Hay un chico que se llama Justin Beiber. Es famoso porque es un artista de música. Ahora, quiere saber bailar mejor. Primero, decide que va a mirar los videos de un bailarín famoso. Si no baila bien después de ver los videos, puede ir a hablar con Madonna. Michael Jackson es uno de los bailarines más famosos del mundo. Justin pasa mucho tiempo mirando los videos de Michael Jackson.

Después de ver los videos, decide que es difícil bailar como Michael. Justin cree que nunca va a ser posible bailar como Michael. Así que va a buscar a Madonna. Madonna vive en Nueva York. Justin toma un bus y viaja desde Los Ángeles hasta Nueva York. Justin prefiere viajar en un bus que en otro tipo de transporte. Llega cuatro días después a Nueva York. Va a un concierto de Madonna. Le dice a Madonna:

- Usted baila muy bien. Quiero bailar como usted. ¿Qué puedo hacer?

- Bueno. Antes de bailar como yo tiene que hacer dos cosas. Primero, necesita bailar "La Macarena" por cinco días. Segundo, tiene que practicar bailando con su novia.

Entonces, Justin va al océano de Long Beach y baila "La Macarena" por cinco días. Pero después hay un problema. No tiene una novia con quién bailar. Justin piensa que va a ser simple, pero busca chicas en el parque y ninguna quiere ser su novia. Por fin, encuentra una chica interesada. Le dice:

- Me llamo Justin. Sé que soy muy atractivo y muy famoso. Necesito una novia. ¿Qué dices? ¿Quieres ser mi novia?

- Mucho gusto, Justin. Me llamo Selena Gómez. Sí, puedo ser tu novia.

Justin pasa mucho tiempo con Selena. Van a dos lugares para comer: McDonald's y a Wendy's. Viajan y bailan mucho en el bus de Justin. Justin siempre está hablando sobre su fama y le parece que Selena está interesada. Ahora, Justin solo piensa en ella. Ya no quiere regresar a Los Ángeles ni ir a bailar con Madonna. Justin le dice a Selena:

- No me puedo concentrar en nada. Solo pienso en ti. Podemos vivir en mi bus para siempre.

Pero Selena tiene otros planes. Selena deja a Justin y le dice:

- Lo siento. Yo también quiero ser una bailarina famosa. Pitbull me dijo que necesitaba tener un novio con quién practicar.

Justin está tan triste que ya no quiere ser famoso y regresa a vivir con sus papás en Canadá.

14. Homer Simpson

Hay un hombre que es llamado Homer Simpson. Vive en Springfield. Le gusta mucho comer donas. No hay un Dunkin' Donuts en su pueblo, pero hay varias tiendas. Aunque debe tener una dieta, come muchas donas. Le gustan tanto las donas que quiere hacer una colección de ellas. Quiere tener donas de varias formas diferentes. Ya tiene una dona normal con una forma circular. La tiene porque Bart viene a la casa después de clases con esas donas de su cafetería. Ahora quiere donas de otras formas.

Homer sabe que en el restaurante Krusty Burger hay donas porque Homer come allí con mucha frecuencia. Así que Homer va hacia el restaurante. Le dice a un empleado:

- Quiero tener una colección de donas diferentes. Ya tengo donas circulares. ¿Tienes una dona de otra forma?

- Tenemos donas triangulares, pero cuestan mucho dinero.

- El costo no me importa.

Homer saca mil dólares y se los da al empleado. Ahora Homer tiene dos tipos de donas, pero quiere más. Homer mira a su colección y necesita resistir la tentación de comerlas. Ahora quiere conseguir una dona con la forma de un diamante. Piensa que el restaurante de su amigo Moe debe tener donas. Va hacia ese restaurante. Homer está desilusionado después de hablar con Moe. Moe le dice:

- Eres un idiota. Tú sabes que aquí lo único que hay para comer son hamburguesas.

Homer le responde:

- No sabía que existían restaurantes que no tenían donas. ¿Tienes alguna idea de dónde puedo conseguir una dona para mi colección?

Se le ocurre a Moe que el supermercado Kwik-E-Mart está a poca distancia de la planta nuclear. La planta nuclear debe afectar la forma de las donas del supermercado. Homer deja a su amigo Moe y va al supermercado. Le habla al empleado:

- Busco donas y no me importa el precio.

- Tengo donas que son muy buenas.

El empleado saca una dona del refrigerador. Es una dona enorme con la forma de un cristal.

- Es la dona perfecta.

Homer le paga tres mil dólares al empleado por la dona y la lleva a su casa. Deja su colección en el refrigerador y en aquel momento está súper contento con su colección. Homer regresa al restaurante de su amigo Moe para decirle lo que encontró en el supermercado. Cuando Homer vuelve a la casa, ve que el refrigerador está abierto. Homer no está contento cuando mira a Bart.

15. Barack Obama

cumpleaños – birthday　　　　*boleto - ticket*

Hay un presidente. Se llama Barack Obama. Tiene una esposa que se llama Michelle. Ya va a ser el cumpleaños de ella. Su cumpleaños es el primer mes del año. Barack quiere conseguir algo bueno para ella. Así que va hacia Michelle y le dice:

- Ya va a ser tu cumpleaños. Es importante celebrarlo. ¿Qué te puedo dar?

- Ya que tengo muchas cosas, no quiero más. Prefiero viajar. Quiero visitar a un país que nunca hemos visitado.

Ya que Barack es el presidente, ellos visitan a muchas partes del mundo, pero nunca van a Cuba. Barack piensa que debe conseguir un boleto a Cuba. Así que Barack va al aeropuerto de la aerolínea American. Habla con el empleado y no le gusta lo que el empleado dice. El empleado le dice a Barack:

- Lo siento. No vamos a Cuba. No hay ninguna aerolínea que va a Cuba. No es permitido y no hacemos excepciones.

Pobre Barack. Si no puede ir a Cuba con una aerolínea, necesita otra forma de llegar. Le queda una opción: comprar transporte privado. Va a una tienda de transporte. Le dice al empleado:

- Necesito ir a Cuba.

Hay muchos tipos de transporte. Lo único malo es que el transporte cuesta bastante dinero. Barack no tiene suficiente dinero. Solamente tiene el dinero para comprar un bote pequeño. No le queda otra opción. Compra el bote.

El día del cumpleaños de Michelle, Barack va con ella al bote. Van en el bote a Cuba. Llegan a Cuba dos días después. Para el cumpleaños de Michelle tienen una celebración grande. Bailan mucho, pasan tiempo a poca distancia del océano, y visitan a la ciudad de Havana. Michelle piensa que es un lugar muy bonito. Pasan un mes en Cuba. Aunque Michelle no quiere regresar a Los Estados Unidos, Barack tiene que regresar. Deja a Michelle en Cuba. Usa el bote para regresar. Es difícil pasar por el océano solo. Barack llega a Florida diez días después.

Ahora, en la opinión de Barack, la gente debe tener la oportunidad de visitar a Cuba. Barack anuncia:

- Nuestro país necesita mejores relaciones con Cuba. La gente de este país tiene bastante tiempo de no visitar a Cuba.

A la gente de Los Estados Unidos le parece una buena idea, pues hay mucha gente que también quiere ir a Cuba. Finalmente, Cuba permite a las personas de Los Estados Unidos en su país.

16. Floyd Mayweather, Jr.

correr – to run   *ayudar – help*

Hay un chico llamado Floyd Mayweather, Jr. El chico quiere boxear. Quiere ser un boxeador famoso. No sabe qué hacer. Va a su computadora y busca en Boxeadores.com. Ve que hay un boxeador famoso en Hollywood que se llama Rocky Balboa. Floyd está contento, porque él también vive en Hollywood. Floyd vive a poca distancia de él. Floyd va hacia la mansión de Rocky. Le dice:

- Hola Rocky. Me llamo Floyd. Quiero boxear exactamente como usted. ¿Tiene alguna recomendación para mí?

- Lo único importante es saber correr mucho. Debes correr en los parques, correr en las montañas, y correr en la casa. Necesitas correr día y noche.

Así que Floyd toma la decisión de correr más. Pero no siente que es suficiente para ser un boxeador bueno. Decide ir a hablar con otro boxeador famoso. Va hacia la casa de Muhammad Ali. Le dice:

- Quiero bailar tal como usted. Sé que es importante practicar. ¿Qué más necesito hacer?

- Pues, si quiere ser el mejor, necesita practicar con el mejor. Y yo soy el mejor.

- Entonces, ¿Puede darme lecciones?

- Lo siento. Ya no boxeo. Estoy viejo ya. Pero mi hija Laila Ali boxea. Ella tiene mucha experiencia. Ella le puede ayudar.

Floyd se pone muy contento. Entonces, Floyd va al gimnasio de Laila. Le dice:

- ¿Puedes boxear conmigo?

- Claro que sí.

Los dos empiezan a boxear. Laila le da trescientas lecciones. Ahora, Floyd está corriendo todo el tiempo y recibiendo lecciones, pero siente que necesita hacer algo más. Es rápido y boxea bien, pero sabe que necesita ser más grande. Necesita más músculos. Entonces, consigue el número de otro boxeador famoso. Ese boxeador se llama Mike Tyson y es muy musculoso. Lo llama y le pregunta:

- Estoy preparándome para ser un boxeador famoso, pero necesito más músculos. ¿Qué me recomiendas?

- Es obvio. Solo hay una solución. Comer bastante proteína. Antes de boxear, me como mil gramos de proteína. Después de boxear, me como otros mil gramos de proteína.

Floyd no sabía que era posible comer tanta proteína. Empieza a comer proteína con todas sus comidas. Floyd se pone musculoso.

Ahora, Floyd puede correr mucho, sabe boxear bien, y tiene músculos. Piensa que está preparado. Piensa que puede boxear como los mejores boxeadores. Trata de boxear profesionalmente, pero hay un problema. Nadie le dice que es necesario entrar al estadio con música. Floyd no tiene música y por eso no boxea bien.

17. Kevin McCallister

cuidar – to take care of   *grita – yells*

Los McCallister es una familia grande. Hay cinco hermanos. Viven en Illinois. Un hermano se llama Kevin. Kevin tiene ocho años. Kevin piensa que la familia no lo acepta. Hay muchos problemas entre Kevin y Buzz, su hermano mayor.

La familia va de vacaciones a Paris. Por accidente la familia deja a Kevin en casa. Al inicio, Kevin está contento de estar solo en casa. Pero hay unos criminales que se llaman Harry y Marv que quieren robar las cosas de su casa. Kevin necesita cuidar la casa. Cada vez que tratan de entrar, les pasa algo malo. Aunque Kevin destruye mucho la casa, los criminales no pueden entrar. Al final, llega la policía y arresta a los dos criminales. Por fin, la familia de los McCallister regresa. La mamá le dice a Kevin:

- Lo siento mucho, mi hijo.

La mamá decide que en el futuro, no va a dejarlo en casa solo.

Buzz va a su dormitorio y ve que sus cosas están por todas partes. Buzz le grita:

- ¡Kevin! ¡Mi dormitorio está tan desorganizado!

El siguiente año, la familia vuelve a dejar a Kevin en casa. Esta vez, Kevin va con ellos al aeropuerto, pero la mamá no observa lo que está haciendo Kevin. Por accidente, Kevin se separa de ellos. Kevin va a Nueva York y la familia va a Miami.

Lo mismo de antes pasa, excepto que esta vez dejan a Kevin en Nueva York. Kevin usa el dinero de su papá y consigue un hotel. Un día, cuando Kevin está en el parque, ve a los mismos dos criminales. Los dos criminales tienen el plan de robar las cosas de la casa de un familiar de Kevin. Otra vez, Kevin cuida la casa. Hace un desastre, pero los criminales no roban nada. Cuando la familia de Kevin vuelve y el papá mira todas las cosas que Kevin compró en el hotel, le grita:

- ¡Kevin! ¡Tanto dinero en servicio!

Los criminales siguen tratando de robar casas, pero Kevin nunca lo permite. La mamá sigue haciendo lo mismo. Deja a Kevin en casa todas las veces que van de vacaciones. Ya que tiene cinco hijos, está muy ocupada. Finalmente, la mamá decide no ir de vacaciones nunca más. Se queda en casa todo el tiempo. Ahora que Kevin no está solo, no destruye la casa, pero no puede prevenir los robos de las casas de otras personas.

18. Luke Skywalker

Hay un chico que se llama Luke Skywalker. Vive en Tatooine. Es un planeta de una galaxia a mucha distancia de aquí. Luke es especial. Tiene la fuerza. Por eso, es un Jedi. Casi todos los Jedis tienen sus propios robots. Luke tiene dos robots. Ya que estos robots son viejos, Luke quiere uno nuevo. Está decidiendo entre un robot nuevo o uno usado. Va a depender del costo. Si los robots nuevos cuestan mucho dinero, entonces, Luke va a comprar un robot usado y renovarlo.

Primero, Luke va a preguntar a su amigo Han Solo si tiene un robot extra. Le dice a Han:

- Busco un robot nuevo. No me importa si es usado. Lo importante es que no cueste mucho dinero.

- Tengo robots extras, pero ninguno funciona muy bien. No tengo mucho dinero, así que compro robots viejos. Pero recibo lo que pago. Es decir, si pago poco, el robot funciona por poco tiempo.

Luke sigue buscando un robot. Va al planeta de Yoda. Yoda es un Jedi también. Luke le dice:

- Hola, amigo. Quiero saber si tienes algún robot que quieres venderme.

- Ya no tengo robots. El último robot que tenía no funcionaba muy bien. Lo compré de Han.

- ¿Sabes dónde puedo encontrar un robot?

- Yo no sé. Habla con Princesa Leia. Ella siempre sabe qué hacer.

La princesa es la hermana de Luke. Luke tiene mucho tiempo de no verla. Va al palacio de la princesa y la busca. Pero ella no está. Mientras busca a Leia, encuentra un robot nuevo. El robot nuevo tiene un mensaje para Luke. El robot le dice:

- Ayuda a la princesa. Darth Vader la tiene.

Según el robot, Darth Vader capturó a Leia. Ahora Luke no está pensando en buscar un robot. Encontrar su hermana es más importante. Va hacia el planeta de Darth Vader. Una persona normal necesita mucho tiempo para llegar al planeta desde el palacio de Leia, pero Luke puede viajar a velocidades más rápidas que la luz. Llega unos minutos después. Leia está en la prisión. Luke usa la fuerza. Nadie lo mira entrar. Saca a Leia de la prisión. Mientras la está sacando, Luke mira un robot en la prisión. Se ve usado. El robot le grita:

- Si me saca de aquí, voy a trabajar para usted. No va a tener que pagarme nada.

 Entonces, Luke saca a Leia y luego regresa para el robot.

19. Forrest Gump

partido – game   *boletos – tickets*

Todas las personas en Greenbow, Alabama están contentas menos dos personas. Hay dos amigos que viven en el mismo pueblo que quieren ir a un partido de ping-pong profesional. El hombre se llama Forrest Gump y la mujer se llama Jenny. Ninguno de los dos han ido a un partido profesional y tampoco han visto un partido, pero saben que sería una muy buena experiencia. El problema es que no tienen suficiente dinero para comprar los boletos. Jenny le dice a Forrest:

- Si no vamos a ver un partido de ping-pong profesional, entonces te voy a dejar.

Forrest busca la manera para conseguir el dinero. Forrest sabe que la gente famosa tiene mucho dinero. Así que Forrest juega fútbol americano en la universidad. Es un muy buen jugador y es famoso, pero la universidad no paga a los jugadores. Jenny vuelve a decirle:

- Ya no voy a ser tu amiga si no consigues el dinero para los boletos. Solo te lo voy a pedir una vez más.

Forrest está desesperado. Decide tratar de ser un héroe. Sirve a su país en Vietnam. Durante un ataque, Forrest hace una cosa heroica. Ayuda a cuatro americanos a escaparse. Cuando Forrest regresa a los estados unidos el Presidente Johnson le da una medalla de honor. Pero no le da dinero. Jenny le dice:

- Nunca he ido a un partido de ping-pong profesional y tú nunca vas a tener el dinero para ir conmigo. Te dejo.

Jenny sale del pueblo y deja a Forrest. Forrest está tan triste que decide correr. Corre bastante. La gente empieza a correr con él. Corren mucho más que un maratón. Mientras corre, Forrest piensa en una solución. Sabe que nunca va a tener el dinero para ir a un partido. Pero hay otra manera. Forrest es atlético. Puede practicar el ping-pong.

Así que Forrest compra una raqueta y practica todos los días. Un día, Forrest recibe una invitación para participar en un partido profesional en China y le permiten llevar a sus amigos. Los amigos pueden ver y no tienen que pagar. Antes de ir, Forrest llama a Jenny y le pregunta:

- ¿Quieres ir a un partido profesional conmigo?

- Claro que sí. ¿Dónde va a ser el partido?

- En China.

- Nunca he ido a China. Sí, me gustaría ir.

Entonces, los dos van al partido. Forrest juega muy bien. Su partido termina en dos minutos. Forrest está contento.

20. La Mujer Mala

Hay una mujer mala. Es mala porque quiere comer niños. Nunca ha comido un niño, pero piensa que serían deliciosos. Solo que no sabe cómo atraparlos. Según la gente hay un pueblo a mucha distancia de allí donde hay un monstruo que come personas. La mujer decide ir a hacerle unas preguntas.

Llegó a la casa del monstruo a los tres días. Le grita:

- ¡Hola monstruo! Quiero pedirle un favor. ¿Cómo atrapas a las personas para comerlas?

El monstruo le responde:

- Yo no como personas. Me gusta comer vegetales. Soy un ogro, no un monstruo. Y me llamo Shrek.

La mujer no le cree. Piensa que es parte de su plan porque se la quiere comer. Ella sale rápidamente y regresa a su casa.

Necesita otro plan. Ha visto en la televisión un video musical de Michael Jackson que se llama "Thriller." Hay muchos zombis en el video. La mujer mala cree que los zombis le pueden decir cómo atrapar los niños ya que es obvio que los zombis comen muchos niños.

Va hacia la mansión de Michael Jackson y le pregunta:

- ¿Dónde puedo encontrar los zombis de su video musical?

- No son zombis reales. Son actores.

La mujer está desilusionada. Se le ocurre otra opción. Los vampiros también comen personas y muchos de ellos viven en la ciudad de Transilvania. Va hacia la ciudad. Llega durante el día. Sabe que los vampiros no salen en el día. Espera hasta la noche. Los vampiros empiezan a salir a las ocho de la noche. Ve a un vampiro a la distancia y le grita:

- Sé que tú comes niños. Yo también quiero comerlos. ¿Qué hago para atraparlos?

Ahora hay menos distancia entre ella y el vampiro. El vampiro está corriendo hacia ella. Parece que va a atacarla. La mujer mala entra en su carro y sale. Casi no se escapa. Cada vez que la mujer trata de hablar con otro vampiro lo mismo pasa. No es posible hablar con ellos.

La mujer va a tener que pensar en su propio plan. Piensa en las cosas que a los niños les gustan. A los niños les gusta el chocolate y otras comidas malas. Decide construir una casa de comidas malas. Consigue un arquitecto especial, un empleado de Willy Wonka. Hay dos niños que viven en una casa a poca distancia de ella. Se llaman Hansel y Gretel. La mujer mala los espera.

21. La Princesa Jazmín

aburrida – bored   *segura - safe*

Hay una princesa. Se llama Jazmín. Vive en un palacio grande. Nunca sale de allí. El sultán, su padre, no lo permite. Así que la princesa pasa todo el tiempo en el palacio y está muy aburrida. El único amigo que tiene es Rajah su tigre. Va a su padre y le dice:

- No te quiero ofender, pero adentro del palacio estoy muy aburrida.

- Mi hija, todavía eres una niña. Vivimos en una ciudad que no está segura, especialmente para una princesa.

Su padre siempre le dice lo mismo. Jazmín vuelve a su tigre y le dice:

- Ya estoy grande. Esta noche voy a salir y explorar la ciudad.

Cuando llega la noche, Jazmín sale del palacio. Va a la calle y observa que hay mucha gente pobre. Ve a unos policías corriendo hacia un chico atractivo. El chico se escapa y Jazmín lo sigue. Cuando están los dos solos, Jazmín le dice:

- Hola. Me llamo Jazmín. ¿Quién eres?

- Mucho gusto. Soy Aladino. Sé quien es. ¿Por qué no está en su palacio?

- El palacio es muy aburrido. Quiero poder pasar tiempo en la ciudad.

Jazmín y Aladino hablan toda la noche. Aladino cree que es bonita y simpática, pero él sabe que no puede funcionar una relación entre ellos. Ella es una princesa y él es un vagabundo pobre.

El siguiente día, Jazmín está muy contenta y va a su padre. Le dice:

- Sé quien es el hombre perfecto para mi.

- Ay, mi hija. Eres una niña todavía. No puedes saber esas cosas. Si quieres un príncipe, te lo buscaré.

Muchos príncipes empiezan a entrar en el palacio. Sin embargo, ninguno le parece a Jazmín ser como Aladino. A ella no le gusta ninguno. Todos los príncipes son arrogantes. Además, son aburridos. Jazmín sigue visitando a Aladino en las noches y lo quiere más y más. Sin embargo, su padre nunca permitiría la relación. Entonces, Jazmín mantiene sus visitas en secreto.

Un día, algo malo pasa. El secretario para el sultán es un hombre malo. Se llama Jafar y quiere eliminar su supervisor y tomar la posición de sultán. Usa su magia mala para controlar el sultán y toma la princesa para su esposa. Jazmín pide la ayuda de Aladino. Aladino está observando todo. Tiene una lámpara con un genio. Toca la lámpara y sale el genio. Le dice:

- Genio, sé lo que quiero. Expulsa a Jafar del palacio.

22. El Señor Increíble

Hay un superhéroe. Se llama El Señor Increíble. Es muy grande y musculoso. Su nombre real es Bob Parr. Todas las personas en su familia son superhéroes. Su esposa se llama Elastigirl, pero su identidad secreta es Helen Parr. Pues, eran superhéroes. Ya no los son, porque la gente en la ciudad decidió que ya no querían tener superhéroes.

Bob tiene que buscar otro trabajo. Le gusta ayudar a la ciudad y le gusta prevenir el crimen, así que busca un trabajo de policía. Va a la estación de policía y le dan un trabajo. Durante quince días trabaja allí. Hace muy bien el trabajo. Pone a veinte criminales en la prisión. Lo único es que recibe muy poco dinero. Recibe solo cien dólares durante los quince días. Su esposa le dice:

- Necesitas un trabajo que pague mejor.

- Me gusta lo que hago. Tú puedes conseguir un empleo también.

Así que la esposa empieza a trabajar en un restaurante. Bob y Helen tienen tres hijos y los dejan con una amiga para cuidarlos. Ya que Helen es muy flexible y rápida, puede traer la comida a muchas personas en el mismo momento. Sin embargo, la gente no le deja mucho dinero extra. Ella no está ganando suficiente dinero. En los siguientes quince días, entre Bob y Helen solo reciben ciento cinco dólares. Helen le dice a Bob:

- Estoy trabajando, pero aún no ganamos lo suficiente. Tú necesitas dejar de ser policía. Además, quiero estar con mis hijos.

Entonces, Bob deja su trabajo. Empieza a trabajar en una oficina. Helen deja su trabajo también. Ella empieza a pasar su tiempo en la casa con sus hijos. Aunque a Bob no le gusta estar en una oficina, sigue trabajando allí, porque está ganando suficiente dinero.

Un día, Bob está con el supervisor de la oficina y ve a un criminal robando a una mujer. Bob le pide a su supervisor:

- Por favor, déjame salir. Esa mujer necesita mi ayuda.

- Tienes que terminar estos papeles primero.

El supervisor le da papeles a Bob, pero Bob no los toma. Corre de la oficina hacia la calle para ayudar a la mujer. Bob pierde su trabajo en la oficina. Bob decide no decírselo a su esposa. Sabe que ella no estaría contenta. Esa misma noche llega un mensaje secreto a la computadora de Bob. El mensaje le dice:

- Tenemos un trabajo de superhéroe para ti.

23. Fred Flintstone

aburrido - bored

Hay un hombre. Se llama Fred Flintstone. Vive en el pueblo de BedRock. Vive en los tiempos prehistóricos cuando existían dinosaurios. Fred tiene el hábito de siempre comer en el mismo restaurante que es llamado RocDonaldos. Es el restaurante donde la mayor parte de la gente de su pueblo come y está al lado del lugar donde trabaja. Su comida favorita es la hamburguesa de brontosaurio. Siempre lo come mientras toma agua de cactus.

Después de varios años de comer la misma comida en el mismo restaurante, decide cambiar restaurantes. Va a la casa de su amigo Barney Rubble que está al lado de su casa y Fred le dice:

- ¡Yabba dabba doo! Quiero comer en otro lugar. Ya estoy aburrido de comer en RocDonaldos.

- Tengo una idea. Vamos a tomar el pterodáctilo a HollyRoca y buscar otro restaurante mejor.

A Fred le parece una buena idea. Así que van a la ciudad de HollyRoca y entran a un restaurante que se llama Le Chateau Rocableau. Piden un menú y ven que hay bistec de varios dinosaurios diferentes. Fred y Barney piden comida pero la empleada no les trae lo que están esperando, sino que un plato de poca comida. Además, cuesta mucho dinero. Ni Fred ni Barney ganan lo suficiente para seguir comiendo allí. Solo podrían comer allí una vez al año para ocasiones especiales.

Fred y Barney vuelven a su pueblo. Fred recuerda que Bronto King es un restaurante donde nunca ha comido. Entonces va a Bronto King. Fred ve que tiene el tipo de hamburguesas que le gustan y no cuestan mucho. Así que Fred come allí por ocho meses seguidos. Pero la realidad es que tanto tiempo de comer en un solo lugar es aburrido. Fred necesita un modo de comer que no lo aburre. Fred le dice a su esposa Wilma:

- Tengo años de comer en RocaDonaldos y tengo ocho meses de comer en Bronto King. Ya no quiero comer la misma comida todos los días. Y no puedo comer en HollyRoca porque no tengo suficiente dinero.

- Yo sé lo que puedes hacer. Debes empezar a preparar comida en casa. Podrías comer aquí en la tarde. De este modo, vas a pasar más tiempo con tu familia.

Así que Fred hace una barbacoa enfrente de su casa y lo sigue haciendo todos los días. Invita a su amigo Barney. Fred prepara sus propias hamburguesas deliciosas.

24. El Grinch

regalos – presents   *canta - sing*

Hay una chica que tiene solo cuatro años. Se llama Cindy Lou Quien y ella vive en Quienville. Todos los años el veinticinco de diciembre hay una gran celebración y la tradición es abrir los regalos de Santa Claus. Pero a poca distancia del pueblo, en una cueva, vive El Grinch. Es un monstruo color verde que no le gusta mirar a la gente contenta. Si él no puede estar contento piensa que nadie debe estar contento.

Todos los años, El Grinch trata de destruir las celebraciones. El Grinch roba las listas que escriben los chicos pidiendo cosas a Santa Claus. El Grinch siempre entra al pueblo en la noche y roba todas las cosas que les ha dejado Santa Claus. En el lugar de las cosas, El Grinch deja otras cosas, algo que los chicos no han pedido.

Este año, Cindy quiere un triciclo. El Grinch entra a la casa y roba el triciclo que le ha dejado Santa Claus. El Grinch le deja una bicicleta. El siguiente día, El Grinch observa cuando Cindy va a la bicicleta. Pero es una sorpresa ver a Cindy. Cindy no está desilusionada como El Grinch espera, sino contenta. Luego, toda la gente del pueblo hace un círculo y canta. Aunque no reciben lo que quieren, todavía están contentos. El Grinch grita:

- ¡No entiendo!

Cada año, El Grinch trata de nuevo de cancelar las celebraciones. El siguiente año, cuando Cindy tiene cinco años, pide de Santa Claus una trompeta. Así que El Grinch entra al pueblo, roba la trompeta, y le deja un saxofón en su lugar. El siguiente día, la gente está contenta y celebra como siempre. El Grinch no lo entiende. De nuevo, es una sorpresa para El Grinch.

El siguiente año, cuando Cindy pide videojuegos, El Grinch decide hacer algo diferente. No va a dejar nada en el lugar de las cosas. Va a robar todo y llevar todo a su cueva. Así que en la noche, El Grinch entra a las casas y toma todas las cosas. Cuando está robando los videojuegos de Cindy, la chica sale de su dormitorio y mira al Grinch. Le dice:

- ¿Santa Claus? ¿Qué haces?

El Grinch está sorprendido y no sabe qué hacer. No quiere decir la verdad a la chica. Le dice:

- Ya que me has visto, tienes que venir conmigo.

La pone en su saco y la lleva a su cueva.

25. Frodo Baggins

seguro – safe, sure

Hay un chico. Quiere tener una aventura. Se llama Frodo Baggins. Es pequeño como toda su gente. A ellos los llaman los Hobbits. Todos viven en un lugar que se llama El Shire. Frodo ha pasado toda su vida allí. En general le gusta vivir entre otros Hobbits, pero la vida es muy simple. Quiere más acción.

Al principio, Frodo no sabe adónde debe ir. Así que va a Bilbo. Bilbo ha tenido muchas aventuras y siempre se las está contando a Frodo. Frodo sabe que Bilbo va a tener una buena idea para una aventura. Frodo le dice:

- Estoy aburrido de vivir aquí. Me gustaría viajar a otra parte y tener más acción en mi vida.

- Eres muy inocente, mi hijo. Ninguna parte del mundo, menos El Shire, es un lugar seguro para un Hobbit. No debes salir.

Frodo no se siente contento y decide buscar al mago Gandalf. Ese mago siempre tiene una aventura. Encuentra al mago y le dice:

- Señor Gandalf, ya no quiero vivir en El Shire.

- Entonces, debes ir a vivir en Rivendell entre los elfos. No debes ir solo.

Ahora Frodo está contento. Necesita buscar una persona quién puede acompañarlo. Frodo tiene mucha familia en su pueblo, pero ellos nunca saldrían de allí. Frodo decide preguntar a Samwise, un hombre que trabaja en su jardín. Quizás Samwise irá con él. Le dice:

- ¿Le gustaría acompañarme a Rivendell?

- Lo siento. No quiero acompañarlo. Casi no lo conozco.

Frodo está desilusionado. Va solo a una cueva en la montaña para pensar. De la cueva sale una criatura. La criatura va hacia Frodo le dice a Frodo:

- ¿Por qué no estás contento, mi precioso?

- ¿Quién eres?

- Soy Smeagol, pero también me llaman Gollum.

- Soy Frodo. Vengo aquí para contemplar con quién ir a Rivendell.

- Yo te puedo acompañar. Smeagol sabe cómo llegar a Rivendell.

Al principio, Frodo no está seguro. Pero no le quedan más opciones. Acepta ir con Smeagol. Así que Frodo sale con Smeagol. Por momentos Smeagol actúa normal, pero en otros momentos actúa obsesionado con Frodo. Durante veinte días viajan. Frodo le pregunta:

- ¿Cuándo vamos a llegar?

- Ya llegamos, mi precioso.

Frodo ve unas montañas y ve un volcán, pero no ve a ningún elfo. Frodo recuerda una historia de Bilbo sobre un señor malo que se llama Sauron. Un momento después y Smeagol ataca a Frodo. Frodo sabe que su aventura está comenzando.

26. Ariel

cumplir – complete/turn

Ariel es una chica. Vive en el océano. Aunque no es humana, le interesa saber más sobre los humanos. Ya va a cumplir quince años y su familia y amigos le quieren dar algo impresionante. Sebastian sabe que a Ariel le gusta cantar y bailar, entonces organiza un concierto para ella. Sebastian le da a Ariel una invitación y le dice:

- Estoy aquí porque te quiero impresionar con música de mi banda.

Sebastian cree que Ariel va a estar impresionada, pero no es así.

- Gracias, Sebastian, pero no puedo ir.

Ariel no quiere ir al concierto. Pasa todo el tiempo pensando en el mundo de los humanos. Hace dos años, sus hermanas le contaron historias de las celebraciones y juegos de los humanos. Sus hermanas son mayores y ya tienen el permiso para salir del océano y observar a los humanos. La tradición es ir a observar a los humanos cuando cumple quince años.

El siguiente día, Ariel cumple quince años y su papá le dice:

- Tienes mi permiso para observar a los humanos.

Ariel sale de inmediato para ver a los humanos. El papá piensa que no debe haber problemas con eso. Sin embargo, Ariel mira un príncipe tan atractivo que quiere salir del agua para estar con él. Cuando Ariel regresa a su amigo Flounder, no se ve contenta. Flounder no entiende. Ariel le dice:

- No quiero vivir aquí. Quiero vivir entre los humanos.

Flounder sabe que eso no es posible. Así que busca otra cosa para impresionar a Ariel. Encuentra una estatua del príncipe y se la da a Ariel. Ariel le dice:

- Gracias. Pero todavía quiero salir de este mundo y vivir entre los humanos.

Flounder va a su amigo Scuttle y le explica el problema. Scuttle le dice:

- Soy un experto en los objetos de los humanos.

Scuttle va hacia Ariel y le dice:

- Si quieres ser una humana, necesitas saber comer con esto.

- ¿Qué es eso?

- Se llama un dinglehopper. Los humanos lo usan para sacar comida de sus platos.

Scuttle se lo da a Ariel, pero ella no está impresionada. Ariel empieza a comer con el dinglehopper. Mientras come, una maga mala que se llama Ursula observa a Ariel. Ursula va a ella y le dice:

- Te puedo dar lo que tú quieres.

Al principio, Ariel no le cree. Ursula continúa:

- Te puedo convertir en una humana, pero tienes que darme tu dinglehopper.

27. Olaf

Hay un chico que se llama Olaf. Está contento porque ya va a ser junio. No sabe exactamente qué pasa cuando la temperatura pasa los treinta y dos grados, pero sí sabe que las personas usan menos ropa y van al océano. Olaf está obeso y necesita prepararse físicamente. Resulta que no tiene la fuerza físicamente para jugar hockey, entonces quiere esquiar.

No lo quiere hacer solo, así que va a Elsa y le dice:

- Quiero esquiar con un amigo cada día para conseguir un mejor cuerpo.

- Lo siento. Tengo que jugar con mi reno.

Olaf sabe que es una excusa. Elsa no tiene un reno. Pero a Olaf no le importa. De todos modos, Elsa es una persona muy seria. Olaf prefiere estar con un amigo que tiene un buen sentido de humor. Por esta razón, va a su amigo Kristoff y le hace la misma pregunta. Kristoff le responde:

- Ya tengo un buen cuerpo. Por esta razón ya tengo una novia. No tengo el tiempo para esquiar porque necesito estar con Anna.

Olaf también piensa que Anna es bonita, así que entiende la decisión de Kristoff. Kristoff tiene un reno que se llama Sven quien no puede esquiar. Pero resulta que Sven quiere mantenerse en buena condiciones físicas. Olaf consigue un tobogán y cada día va con Sven a las montañas para usar el tobogán con Sven. Es perfecto porque Sven tiene un buen sentido de humor y los dos están muy contentos.

Un mes después, Olaf piensa que su cuerpo está mejor. Va a preguntar a Anna por su opinión. Le dice:

- Hace un mes que uso el tobogán cada día. ¿Estoy menos obeso?

- La verdad es que sigues obeso. La cosa es que pasas mucho tiempo sentado cuando usas el tobogán. Necesitas hacer un tipo de ejercicio que requiere más fuerza.

Olaf no está desilusionado sino más determinado. Piensa que podría empezar a usar el tobogán dos veces al día. Sven tiene una idea. Sven le dice:

- Podríamos trabajar en construcción. Esos hombres tienen cuerpos muy buenos.

Así que Sven y Olaf siguen usando los toboganes cada día porque les gusta tanto, pero por las tardes empiezan a construir iglús. Es trabajo difícil y laborioso, pero Olaf siente la diferencia. Tiene más músculos. No puede esperar hasta los meses de julio y agosto. Piensa que su cuerpo va a llamar la atención de todas las chicas.

28. Babe Ruth

equipo - team   *dueño – owner*

Hay un beisbolista que se llama Babe Ruth. Es el año 1919 y Babe juega profesionalmente para el equipo de Boston. Hace cinco años que Babe juega en ese equipo, pero por varias razones ya no quiere jugar allí. Babe oye que los Yanquis están buscando jugadores nuevos. Un día Babe recibe una llamada del dueño de los Yanquis. El dueño le dice:

- ¿Quieres jugar en nuestro equipo?

- Claro que sí. Pero quiero jugar cada día.

- Si ya no quieres ser pitcher, necesitas poder batear mejor.

Babe está emocionado y empieza a practicar. Practica con un bate y una bola muy pequeña. Los otros jugadores no practican así. Ahora es simple para Babe batear jonrones. Al saber que Babe está bateando mejor, el dueño de los Yanquis lo llama y le dice:

- Puedes batear mejor.

- Claro que sí. Quiero ganar más dinero de lo que estoy ganando. – responde Babe.

- No te preocupes por el dinero. Lo que me preocupa es tu conducta. Tienes problemas con otros jugadores y vas mucho a los clubes. ¿Qué piensas que opina la gente de ti? – le pregunta el dueño.

- Eso yo puedo cambiar.

Babe durante dos meses visita a un hospital y juega con los pacientes que son niños. Trata de cambiar su reputación. También, sale más con su esposa. Van a obras de teatro y a Babe le gusta. Ya que Broadway está en Nueva York, Babe quiere aún más ir a jugar para ese equipo. Le gustaría poder ir con frecuencia a Broadway. Después de dos meses, Babe recibe otra llamada del dueño de los Yanquis. El dueño le dice:

- Has cambiado tu reputación.

- Claro que sí.

- Bueno. Le podemos dar cien mil dólares para jugar en Nueva York.

- Me parece bien, pero hay otro problema.

Babe le explica que quiere ganar muchos campeonatos de béisbol. Para eso se requiere tener buenos jugadores. Así que el dueño necesita conseguir otros jugadores buenos. El dueño llama a Bob Meusel y le dice:

- ¿Cómo te parece jugar para los Yanquis con Babe Ruth?

Bob acepta y el dueño sigue consiguiendo otros jugadores buenos, incluso Earle Combs y Lou Gehrig. Por fin, el cambio está preparado y el equipo de Boston vende a Babe al equipo de Nueva York. Al principio, los fans de Boston están contentos, porque Babe causaba problemas. Un año más tarde y Boston sabe que vender a Babe fue un error.

29. Shaggy

perro – dog

Shaggy es un chico detective. Resuelve misterios. Le gusta estar acompañado por un perro. Hace dos años que compró el perro llamado Goofy. Ya que Goofy se cae mucho y causa muchos accidentes, hace más difícil atrapar a los criminales. Shaggy decide vender el perro y buscar otro.

Shaggy pone un anuncio en su página de Facebook. El anuncio dice que busca un perro que puede ser un buen detective. Shaggy recibe tres mensajes dentro de una hora. Shaggy les escribe a todos:

- Necesito examinar los perros primero. Vengan a mi casa.

Garfield es el primer dueño en llegar a la casa de Shaggy. Garfield le dice:

- Por favor, toma mi perro. Se llama Odie.

- Mi trabajo requiere un perro inteligente. ¿Y tu perro?

- Lo siento. Pienso que Odie es un idiota.

Shaggy no acepta el perro y espera al siguiente dueño. Unos minutos después, llega una chica con un perro enorme y color rojo. La chica se presenta a Shaggy:

- Me llamo Emily y este es mi perro Clifford.

- Mucho gusto, Emily. ¿Qué hace a tu perro un buen detective?

Antes de responder, Clifford va hacia el carro de Shaggy y por accidente, destruye la parte de enfrente del carro. Shaggy le dice a Emily:

- Gracias por venir, pero ya he tenido un perro que causa accidentes. No quiero otro así.

A Shaggy le queda una opción más. Espera que el último perro sea un buen detective. Más tarde aparece un hombre con un perro. El hombre le dice a Shaggy:

- Me llamo Wallace y este es mi perro Gromit. Es más inteligente que mí. Le puede servir muy bien en su trabajo como detective. Por fin, Shaggy está contento. Examina al perro y le parece perfecto. Shaggy le habla al perro:

- ¿Quieres ser mi amigo?

Hay silencio. Shaggy no oye nada. El perro no le responde a Shaggy. Wallace le explica que Gromit no puede hablar. Shaggy le responde:

- ¡Zoinks! El perro va a ser detective, pero también necesita ser mi amigo. No puedo tener amigos que no hablan.

Así que Shaggy sigue sin un perro. Shaggy sale a la calle para pensar. En la calle, oye algo. Shaggy tiene pánico. Piensa que es un monstruo o fantasma como siempre. En su trabajo, Shaggy conoce a muchos monstruos. Shaggy le grita:

- ¿Dónde estás, monstruo?

Lo que estaba oyendo resultó ser un perro. El perro le dice:

- Soy Scooby-Doo.

30. Ethan Hunt

Hay un chico que quiere ser un espía famoso. El chico se llama Ethan Hunt. Lee en el Internet los pasos que necesita tomar. Primero, necesita un carro rápido y costoso. El segundo paso sería crear una identidad nueva. Después, tiene que practicar karate. El último paso sería comprar la pistola perfecta. Ethan quiere ser el mejor espía posible, entonces va a los expertos por cada paso.

Primero, va a la mansión de James Bond. Le pregunta:

- ¿Cuál carro debe tener un espía famoso?

- Cualquier carro que cueste más de un millón de dólares.

Así que Ethan compra un Ferrari que se puede convertir en un helicóptero. Ahora va a Jason Bourne para una identidad nueva. Le dice a Jason:

- Quiero ser un espía como tú. Tengo un carro, pero no tengo una identidad secreta.

- Eso es simple. Toma este medicamento.

Ethan lo toma y inmediato no recuerda su identidad. Jason le dice:

- Solo inventa un nombre nuevo.

Ethan está contento. Le ha ido muy bien en los primeros dos pasos. El siguiente paso es practicar karate. Por eso, va a hablar con Austin Powers. Le explica su situación a Austin quien le responde:

- Si quieres ser un espía es más importante saber bailar. Así, puedes conseguir cualquier chica.

Ethan decide que Austin tiene razón. Los otras espías son muy serios, pero Austin es diferente. Ahora, Ethan quiere ser un espía más como Austin. Toma lecciones de baile de Austin. Está preparado para ir a la agencia de los hombres en negro. Allí es donde trabaja Agente K. Es el espía famoso que combate los extraterrestres. Va a Agente K y le dice:

- Para ser un espía necesito una cosa más. Necesito una pistola. Sé que tú tienes muchas opciones.

- Has venido al espía correcto. Ven conmigo.

Ethan acompaña a Agente K a una tienda. El dueño de la tienda no se pone contento al ver a Agente K. Agente K le dice:

- Déjame ver las pistolas.

- Tú sabes que ya no tengo esas cosas ilegales.

- Cuidado, amigo. Si no estoy viendo las pistolas en un minuto, entonces te voy a regresar a tu planeta.

El dueño está nervioso, pero toca un botón y aparecen muchas pistolas. Agente K explica que las pistolas más pequeñas son las que tienen más fuerza. Ethan selecciona una pistola muy pequeña. Ahora está preparado para cualquier misión. No hay una misión imposible para Ethan.

1 *Ratatouille Quiz*

1. El restaurante de Ratatouille está en
    a. Florida.
    b. California.
    c. Texas.
    d. México.

2. Ratatouille no está contento porque quiere
    a. salsa.
    b. pasta.
    c. un restaurante.
    d. un hotel.

3. Ratatouille le dice a Mickey:
    a. – ¿Tienes espaguetis?
    b. – ¿Tienes salsa de tomate?
    c. – ¿Tienes un chef?
    d. – ¿Tienes pasta?

4. Mickey le da a Ratatouille
    a. pasta.
    b. 0 pasta.
    c. salsa de tomate y pasta.
    d. salsa de tomate.

5. Ratatouille va al rancho de
    a. González.
    b. Mickey.
    c. Jerry.
    d. Hollywood.

6. El ratón en México le dice a Ratatouille:
    a. – Tengo un restaurante.
    b. – Tengo un rancho.
    c. – Tengo salsa de tomate.
    d. – Tengo pasta.

7. Ratatouille no está contento en México porque
    a. no hay un restaurante.
    b. no hay salsa de tomate.
    c. no hay pasta.
    d. no hay un chef.

8. Ratatouille va a un hotel en
    a. Florida.
    b. California.
    c. Texas.
    d. México.

9. Jerry es un ratón y un
    a. chef.
    b. actor.
    c. cliente.
    d. hotel.

10. Jerry le da a Ratatouille
    a. pasta.
    b. 0 pasta.
    c. salsa de tomate y pasta.
    d. salsa de tomate.

2 *Squidward Quiz*

1. En su casa, Squidward tiene
   a. un piano.
   b. un clarinete.
   c. instrumentos.
   d. un amigo.

2. El problema es que Squidward
   a. está en Bikini Bottom.
   b. tiene un piano.
   c. necesita un clarinete.
   d. le gusta la música.

3. El amigo de Squidward se llama
   a. Patrick.
   b. Sandy.
   c. Plankton.
   d. Bob.

4. Bob está
   a. contento.
   b. en un restaurante.
   c. en una casa.
   d. en una mansión.

5. Bob le dice a Squidward:
   a. - Tengo un amigo.
   b. - Tengo un piano.
   c. - Tengo un clarinete extra.
   d. - Tengo un restaurante.

6. Patrick
   a. no tiene clarinetes extras.
   b. no es amigo de Bob.
   c. va a la casa de Squidward.
   d. no está en su casa.

7. A Sandy le
   a. gusta la música.
   b. gustan los pianos.
   c. gusta Plankton.
   d. gusta dar clarinetes a amigos.

8. El problema es que Sandy
   a. no tiene instrumentos.
   b. no tiene amigos.
   c. no quiere dar un clarinete a Squidward.
   d. no está en su casa.

9. Plankton tiene
   a. un piano.
   b. un clarinete.
   c. instrumentos.
   d. un amigo.

10. Al final, Squidward
    a. no tiene un clarinete.
    b. no tiene amigos.
    c. le da su piano a Plankton.
    d. está contento.

3 *Batman Quiz*

1. Batman vive en
    a. la estación de policía.
    b. un apartamento.
    c. una oficina.
    d. una mansión.

2. Batman necesita una capa porque
    a. es un superhéroe.
    b. no tiene una capa.
    c. Robin no tiene una capa.
    d. quiere un amigo.

3. Alfredo
    a. tiene una capa.
    b. es amigo de Gordon.
    c. vive con Batman.
    d. es asistente para Gordon.

4. Batman habla con Gordon en
    a. la estación de policía.
    b. un apartamento.
    c. una oficina.
    d. una mansión.

5. Gordon no tiene una capa porque
    a. no es un superhéroe.
    b. no tiene capas extras.
    c. es muy grande.
    d. no está contento.

6. Rachel le da una capa a Batman porque
    a. tiene muchas capas.
    b. no necesita una capa.
    c. es muy grande.
    d. es una capa extra.

7. Robin no está contento con la capa de Rachel porque
    a. es la capa de una chica.
    b. no es una capa superhéroe.
    c. Batman no está contento.
    d. es muy grande.

8. Batman va en su carro a
    a. la estación de policía.
    b. un apartamento.
    c. una oficina.
    d. la casa de Gordon.

9. La Chica Gata le da a Batman
    a. una capa grande.
    b. muchas capas.
    c. una capa perfecta.
    d. 0 capas.

10. Al final, Robin
    a. no tiene una capa.
    b. está contento.
    c. no quiere una capa.
    d. no es un superhéroe.

4   *Harry Potter Quiz*

1. Harry es especial porque
   a. es un chico.
   b. tiene una capa invisible.
   c. es un mago famoso.
   d. no tiene una cámara.

2. Harry quiere tener una cámara con un microscopio porque
   a. es un mago.
   b. necesita una para su clase.
   c. busca un mapa.
   d. son especiales.

3. Hermione busca una cámara en
   a. Diagon Alley.
   b. Hogwarts.
   c. un mapa.
   d. una computadora.

4. El chico de Diagon Alley tiene
   a. 0 cámaras.
   b. cámaras con microscopios.
   c. cámaras y mapas.
   d. dragones.

5. El chico de Diagon Alley le da a Harry
   a. un mapa.
   b. una computadora.
   c. una cámara.
   d. una capa.

6. Un mapa le dice a Harry
   a. que no hay cámaras.
   b. donde hay cámaras.
   c. donde hay mapas.
   d. donde hay dragones.

7. Harry solo está contento por un momento porque
   a. hay cámaras, pero en la casa de un dragón.
   b. Ron es su amigo, pero es pobre.
   c. Hermione le da una cámara extra.
   d. vive en Hogwarts.

8. Para tener una cámara con un microscopio, Harry necesita
   a. comer un dragón.
   b. comprar una cámara.
   c. hablar con Hagrid.
   d. pasar un dragón.

9. Ron le da a Harry
   a. un plan.
   b. una cámara.
   c. una capa.
   d. un mapa.

10. Al final, Harry
    a. va a la casa de Hagrid.
    b. tiene una cámara.
    c. quiere una cámara.
    d. busca un dragón violento.

5 LeBron James Quiz

1. Ahora LeBron vive en
   a. Miami.
   b. Cleveland.
   c. Orlando.
   d. Foot Locker.

2. LeBron tiene trofeos porque
   a. tenía zapatos especiales.
   b. es famoso.
   c. vivía en Miami.
   d. vive en Cleveland.

3. LeBron ve a Alberto en
   a. la casa.
   b. Foot Locker.
   c. la calle.
   d. Orlando.

4. Alberto le da a LeBron
   a. zapatos normales.
   b. zapatos especiales.
   c. zapatos grandes.
   d. 0 zapatos.

5. LeBron ve a Shaq en
   a. la casa.
   b. Foot Locker.
   c. la calle.
   d. Orlando.

6. Shaq quiere
   a. zapatos especiales.
   b. vivir en Cleveland.
   c. mucho dinero.
   d. hablar con Michael Jordan.

7. LeBron le da a Shaq
   a. una casa.
   b. dinero.
   c. zapatos especiales.
   d. un trofeo.

8. LeBron solo está contento por un instante porque
   a. le da a Shaq su casa.
   b. Shaq le da un trofeo grande.
   c. Michael le da zapatos a LeBron.
   d. Shaq le da zapatos muy grandes.

9. LeBron va a la casa de Michael porque Michael
   a. también tiene trofeos.
   b. es más famoso.
   c. es un amigo.
   d. tiene mucho dinero.

10. Michael le da a LeBron
    a. más trofeos.
    b. zapatos especiales.
    c. 0 zapatos.
    d. dinero.

6   Óscar Quiz

1. Óscar no es simpático porque
   - a. no tiene amigos.
   - b. vive en la calle.
   - c. no le gusta su casa.
   - d. quiere vivir solo.

2. La solución a todos los problemas de Óscar es
   - a. oreos.
   - b. carros.
   - c. amigos.
   - d. dinero.

3. Ernie vive
   - a. con Elmo.
   - b. en la calle.
   - c. en un apartamento.
   - d. en una casa.

4. Elmo tiene
   - a. dinero extra.
   - b. una casa extra.
   - c. un carro extra.
   - d. oreos extras.

5. Big Bird le da a Elmo
   - a. dinero.
   - b. una casa.
   - c. un carro.
   - d. oreos.

6. Después de hablar con Elmo, Ernie
   - a. necesita más dinero.
   - b. busca una casa.
   - c. come oreos.
   - d. está triste.

7. El monstruo no está muy bien porque quiere
   - a. una foto.
   - b. dinero.
   - c. una casa.
   - d. oreos.

8. Cookie Monster mira una foto de Óscar y dice:
   - a. – Está muy triste.
   - b. – Necesita zapatos.
   - c. – No es simpático.
   - d. – Tiene mis oreos.

9. Cookie Monster es simpático porque
   - a. tiene muchos amigos.
   - b. come muchos oreos.
   - c. le da dinero a Ernie.
   - d. tiene mucho dinero.

10. Al final, Ernie tiene
    - a. muchos oreos.
    - b. una casa nueva.
    - c. un carro nuevo.
    - d. más amigos.

7   *Timón Quiz*

1. Pride Rock
    a. es una montaña.
    b. tiene mucho para comer.
    c. es bonito.
    d. es donde vive Timón.

2. Timón quiere vivir en una montaña porque
    a. ya no quiere comer insectos.
    b. un desierto es tan bonito como una montaña.
    c. no hay tantos insectos en el desierto.
    d. Pride Rock no tiene tantos amigos.

3. Timón busca una montaña
    a. con Simba.
    b. con Pumba.
    c. con sus amigos.
    d. solo.

4. Pumba también
    a. no tiene amigos.
    b. come insectos.
    c. vive en un desierto.
    d. no tiene un papá.

5. Los insectos de la montaña son
    a. tan rápidos como Timón.
    b. tan grandes como un ratón.
    c. tan bonitos como la montaña.
    d. tan deliciosos como Simba.

6. En una hora, Timón puede comer
    a. más insectos que Pumba.
    b. menos insectos que Pumba.
    c. veinte insectos.
    d. tantos insectos como un león.

7. Simba está triste porque
    a. no tiene mucho para comer.
    b. vive en un desierto.
    c. no quiere comer insectos.
    d. su papá ya no existe.

8. Ningún animal que acepta Hakuna Matata
    a. come poco.
    b. vive en el desierto.
    c. no tiene amigos.
    d. está triste.

9. Simba va a la montaña porque
    a. no tiene otras opciones.
    b. quiere comer insectos.
    c. es una buena opción.
    d. acepta la filosofía de Pumba.

10. Simba come muchos insectos porque
    a. quiere vivir con Pumba.
    b. está triste.
    c. le gustan.
    d. son grandes como un ratón.

8   *Goldilocks Quiz*

1. Goldilocks está triste porque
    a. está sola.
    b. vive con una familia.
    c. su casa está en Tonto National Forest.
    d. su casa no tiene un baño.

2. La familia no quiere vender la casa en Arizona porque
    a. quiere recibir mucho dinero.
    b. es muy pequeña.
    c. le gusta donde está.
    d. tiene muchos años de vivir en la casa.

3. Goldilocks busca una casa
    a. para su familia.
    b. sola.
    c. con su familia.
    d. en Tonto National Forest.

4. En Las Vegas, Goldilocks encuentra tres
    a. hermanos puercos.
    b. casas perfectas.
    c. pueblos con casas.
    d. animales amigos.

5. El problema con la primera casa en Las Vegas es que
    a. es de flores.
    b. es pequeña.
    c. es de pino.
    d. es mucho dinero.

6. En comparación con la primera casa, la segunda casa en Las Vegas es aún más
    a. dinero.
    b. bonita.
    c. pequeña.
    d. pobre.

7. La segunda casa en Las Vegas
    a. es de flores.
    b. es pequeña.
    c. es de pino.
    d. no tiene una oficina.

8. Goldilocks no compra la casa de cemento porque
    a. no es bonita.
    b. es pequeña.
    c. es mucho dinero.
    d. no tiene una oficina.

9. La casa perfecta en Hollywood
    a. está en los Estudios Sony.
    b. está entre una casa pequeña y otra grande.
    c. tiene algunos baños.
    d. es mucho dinero.

10. Brad Pitt quiere
    a. vender su casa.
    b. vivir con Goldilocks.
    c. mucho dinero.
    d. más casas.

9 *Michael Jordan Quiz*

1. Michael Jordan es aún más famoso que
   a. Kobe Bryant.
   b. Derek Jeter.
   c. Serena Williams.
   d. a, b, y c.

2. El problema de Michael es que
   a. su dormitorio no es perfecto.
   b. el básquetbol es aburrido.
   c. está aburrido de noche.
   d. juega mucho básquetbol.

3. Michael habla con Derek por la primera vez desde
   a. Florida.
   b. Nueva York.
   c. su teléfono.
   d. su casa.

4. De Derek, Michael quiere
   a. clases de béisbol.
   b. un juego aburrido.
   c. buscar un bate.
   d. un amigo.

5. Derek juega Bingo porque
   a. es su juego favorito.
   b. quiere sentarse.
   c. le gusta el juego.
   d. de día juega béisbol.

6. En Florida no hay ni
   a. un juego interesante.
   b. un hombre que juega tenis.
   c. una persona para hablar con Michael.
   d. un bate ni una persona que practica el béisbol.

7. En Florida a nadie le gusta
   a. mirar el béisbol.
   b. la temperatura.
   c. dar clases.
   d. hablar con Michael.

8. Michael le pregunta a Serena si ella puede darle clases de
   a. béisbol.
   b. tenis.
   c. Bingo.
   d. básquetbol.

9. Serena nunca
   a. da clases.
   b. juega béisbol.
   c. pregunta por clases.
   d. está aburrida.

10. Michael va a Nueva York porque
    a. Derek le puede dar clases de béisbol.
    b. busca una persona para darle clases de béisbol.
    c. Michael es un experto de Bingo.
    d. quiere jugar Bingo.

10   Lady Gaga Quiz

1. Lady Gaga es famosa por su
   a. ropa y comida normal.
   b. nombre diferente.
   c. tienda especial.
   d. música y estilo diferente.

2. El año pasado, Lady Gaga
   a. tenía ropa plástica.
   b. solo comía chocolate.
   c. comía frutas y vegetales.
   d. tenía ropa de Stop n Shop.

3. Lady Gaga va a la misma tienda porque
   a. siempre encuentra su ropa allí.
   b. quiere hablar con los empleados.
   c. quiere un estilo viejo.
   d. le gustan los juegos.

4. Los empleados de Toys R Us
   a. nunca dicen que hay ropa.
   b. siempre dicen que hay ropa.
   c. nunca dicen que hay comida.
   d. siempre dicen que hay comida.

5. Lady Gaga compra muchos legos para
   a. un estilo de comida diferente.
   b. hacer sus pantalones.
   c. dar inspiración a su música.
   d. jugar con Willy Wonka.

6. Desde el año pasado, Willy Wonka tiene
   a. algunas comidas nuevas.
   b. la misma comida.
   c. ropa diferente.
   d. un estilo nuevo para Lady Gaga.

7. Este año, Lady Gaga quiere comer
   a. frutas y vegetales.
   b. chocolate y caramelos.
   c. solo frutas.
   d. legos.

8. Willy Wonka recomienda
   a. Toys R Us.
   b. su casa.
   c. Stop n Shop.
   d. ninguna tienda.

9. El empleado recomienda los tomates para
   a. comer.
   b. una ropa.
   c. su música.
   d. jugar.

10. Al final, Lady Gaga tiene
    a. ropa y comida.
    b. pantalones y no comida.
    c. juegos y comida.
    d. un estilo nuevo de música.

11   Shrek Quiz

1. Shrek quiere
   a. comprar algo.
   b. vivir en otra parte.
   c. una novia.
   d. un amigo.

2. Shrek y Donkey no
   a. saben qué pueden comprar.
   b. son buenos amigos.
   c. quieren buscar cosas.
   d. tienen novias.

3. Van a la casa de Gingy porque Gingy
   a. es muy inteligente.
   b. tiene perfumes.
   c. tiene cosas especiales.
   d. siempre tiene buenas ideas.

4. A Shrek y Donkey, Gingy
   a. les da una cosa fantástica.
   b. les hace una pregunta.
   c. parece saber mucho sobre perfumes.
   d. parece ser amigo de Pinocho.

5. Buscan perfume porque
   a. a todas las chicas les gusta.
   b. a Fiona le gusta.
   c. a la novia de Donkey le gusta.
   d. Gingy lo recomienda.

6. Saben que Pinocho tiene perfumes porque
   a. es un amigo.
   b. todos lo saben.
   c. lo buscan en el Internet.
   d. vive con Gingy.

7. Pinocho les da a Shrek y Donkey
   a. perfume de gorilas y dinosaurios.
   b. ningún perfume.
   c. una idea.
   d. novias bonitas.

8. Pinocho tiene una cabeza grande porque
   a. está triste por Shrek y Donkey.
   b. cree que tiene el perfume perfecto, pero no lo tiene.
   c. no sabe dónde vive Cinderella.
   d. no cree que las novias de Shrek y Donkey son bonitas.

9. Al final, Shrek cree que encontrar algo para una chica
   a. es simple.
   b. no es simple.
   c. es estúpido.
   d. es una mala idea.

10. Cinderella
    a. vive con las novias.
    b. sabe donde hay perfumes.
    c. les da perfumes a Shrek y Donkey.
    d. lleva el perfume a las novias.

12   *Jack Quiz*

1. Jack está preocupado porque
   - a. no tiene una casa.
   - b. no tiene leche.
   - c. tiene poco dinero.
   - d. tiene una mamá vieja.

2. Jack quiere comprar para su mamá
   - a. leche.
   - b. una casa.
   - c. cosas mágicas.
   - d. pantalones.

3. Nadie compra la leche en el supermercado porque
   - a. Jack la vende.
   - b. es muy poca leche.
   - c. nadie quiere leche.
   - d. no está abierto.

4. Jack habla con un hombre viejo
   - a. en el centro de la ciudad.
   - b. en el supermercado.
   - c. en la calle.
   - d. enfrente de su casa.

5. El hombre viejo le da a Jack
   - a. dinero.
   - b. algo mágico.
   - c. leche.
   - d. pantalones.

6. La mamá no está contenta con Jack cuando vuelve del supermercado porque
   - a. no tiene dinero.
   - b. no tiene la leche.
   - c. habló con un hombre viejo.
   - d. no tiene una casa nueva.

7. Jack explora en la planta porque
   - a. cree que va a encontrar gigantes.
   - b. le gusta explorar.
   - c. no le queda otra opción.
   - d. la mamá lo insiste.

8. Al final de la planta hay
   - a. una ciudad de gigantes.
   - b. una casa de gigantes.
   - c. mucho dinero.
   - d. un gigante que vende pantalones.

9. El gigante le va a dar a Jack
   - a. dinero.
   - b. una casa.
   - c. leche.
   - d. pantalones.

10. Al final, para Jack va a ser
    - a. imposible comprar una casa.
    - b. posible comprar una casa.
    - c. necesario buscar el hombre viejo.
    - d. urgente escaparse de los gigantes.

13   *Justin Beiber Quiz*

1. Justin quiere
    a. bailar con Michael Jackson.
    b. ser famoso.
    c. ser como Madonna.
    d. bailar mejor.

2. Primero, Justin
    a. practica bailando.
    b. mira videos de Michael Jackson.
    c. busca una novia.
    d. habla con Madonna.

3. Justin piensa que es difícil
    a. bailar como Michael Jackson.
    b. mirar los videos de Michael Jackson.
    c. buscar a Madonna.
    d. bailar con chicas.

4. Justin va a Nueva York en bus porque
    a. Madonna lo recomienda.
    b. es más rápido que un carro.
    c. prefiere ese tipo de transporte.
    d. le gusta bailar en el bus.

5. Madonna le da a Justin
    a. dos instrucciones.
    b. un video de su concierto.
    c. el número de Selena Gómez.
    d. cinco días de clases de baile.

6. Es difícil para Justin
    a. encontrar chicas bonitas.
    b. encontrar una novia.
    c. practicar "La Macarena."
    d. pasar tiempo con chicas.

7. Justin parece una persona
    a. simpática.
    b. arrogante.
    c. cruel.
    d. nerviosa.

8. Justin y Selena
    a. van a dos lugares para bailar.
    b. van al océano.
    c. viajan a Los Ángeles.
    d. bailan en el bus.

9. Justin ya no quiere bailar con Madonna porque
    a. piensa mucho en Selena.
    b. no puede bailar bien.
    c. prefiere viajar en su bus.
    d. no le gusta su estilo de baile.

10. Selena acepta ser la novia de Justin porque
    a. él es atractivo y famoso.
    b. necesita practicar bailando.
    c. le gusta su bus.
    d. Justin baila muy bien.

14   Homer Simpson Quiz

1. Homer debe
   a. comer muchas donas.
   b. coleccionar donas.
   c. comer poco.
   d. ir a la cafetería de Bart.

2. Bart deja en la casa
   a. su colección de donas.
   b. nada.
   c. dinero.
   d. donas circulares.

3. Homer va al Krusty Burger porque
   a. quiere hablar con Moe.
   b. piensa que tiene donas.
   c. quiere comer.
   d. tiene mucho dinero.

4. En el Krusty Burger Homer paga
   a. mucho.
   b. poco.
   c. nada.
   d. con un cheque.

5. Homer va al restaurante de Moe porque
   a. quiere hablar con Moe.
   b. piensa que tiene donas.
   c. quiere comer.
   d. tiene mucho dinero.

6. El restaurante de Moe
   a. ya no tiene donas.
   b. nunca tiene donas.
   c. no está abierto.
   d. siempre tiene donas.

7. Moe le da a Homer
   a. una dona.
   b. comida.
   c. una hamburguesa.
   d. una idea.

8. Kwik-E-Mart tiene donas de formas diferentes porque
   a. compra las donas.
   b. es un supermercado diferente.
   c. la planta nuclear afecta la comida.
   d. puede venderlas por mucho dinero.

9. En el Kwik-E-Mart Homer consigue
   a. una dona especial.
   b. una dona por poco dinero.
   c. nada.
   d. una idea.

10. La persona que come la colección de donas es
    a. Moe.
    b. Homer.
    c. Bart.
    d. el empleado del Kwik-E-Mart.

15   *Barack Obama Quiz*

1. Obama quiere conseguir algo para Michelle porque
   a. ella es importante.
   b. tiene mucho dinero.
   c. quiere celebrar ser presidente.
   d. va a ser el cumpleaños de ella.

2. Michelle tiene
   a. un bote.
   b. muchas cosas.
   c. planes.
   d. una aerolínea.

3. Obama selecciona a Cuba porque
   a. está a poca distancia de Los Estados Unidos.
   b. tiene pueblos bonitos.
   c. es simple llegar en bote.
   d. Michelle nunca ha visitado ese país.

4. La primera idea de Obama es
   a. entrar a Cuba en su helicóptero privado.
   b. dar permiso a las personas para entrar a Cuba.
   c. comprar un boleto.
   d. comprar un bote.

5. El empleado de la aerolínea American le da a Obama
   a. un bote.
   b. un boleto.
   c. una idea.
   d. nada.

6. Obama va a una tienda de
   a. transporte.
   b. carros.
   c. chicas.
   d. cumpleaños.

7. Obama compra un bote porque
   a. es el mejor transporte.
   b. es muy pequeño.
   c. no tiene suficiente dinero.
   d. a Michelle le gusta.

8. Michelle y Obama celebran el cumpleaños de Michelle
   a. en el bote.
   b. en Cuba.
   c. en Los Estados Unidos.
   d. en una aerolínea.

9. Obama deja a Michelle en Cuba porque
   a. ella no está contenta con Obama.
   b. ella no quiere regresar.
   c. ella compra una casa.
   d. la relación con Cuba es mejor.

10. Obama anuncia que
   a. Cuba es un país bonito.
   b. Michelle no va a regresar a Los Estados Unidos.
   c. es difícil viajar en bote.
   d. las personas deben tener el permiso para ir a Cuba.

16 Floyd Mayweather, Jr. Quiz

1. Floyd quiere
    a. ser amigo de Rocky.
    b. boxear en la computadora.
    c. ser un boxeador profesional.
    d. vivir en Hollywood.

2. Floyd encuentra a Rocky
    a. por Internet.
    b. en el parque.
    c. en el gimnasio.
    d. por la televisión.

3. Cuando Floyd mira donde vive Rocky está contento porque vive
    a. en una mansión.
    b. a poca distancia del gimnasio.
    c. con otros boxeadores famosos.
    d. en la misma ciudad.

4. Rocky le da la recomendación de
    a. correr más.
    b. comer proteína.
    c. entrar con música.
    d. practicar más.

5. La persona que dice que es importante practicar se llama
    a. Rocky.
    b. Muhammad.
    c. Laila.
    d. Mike.

6. Floyd no boxea con Muhammad porque
    a. Floyd no es profesional.
    b. Floyd necesita correr más primero.
    c. Muhammad tiene muchos años.
    d. Muhammad no tiene el tiempo.

7. Laila es
    a. una boxeadora buena.
    b. la instructora de Muhammad.
    c. muy musculosa.
    d. muy rápida.

8. Después de boxear con Laila, Floyd se siente
    a. preparado para boxear profesionalmente.
    b. que necesita ser más grande.
    c. que necesita practicar más.
    d. es muy rápido.

9. Mike Tyson le da a Floyd
    a. lecciones.
    b. proteína.
    c. una recomendación.
    d. músculos.

10. Floyd no sabe que los profesionales
    a. son más rápidos.
    b. entran al estadio con música.
    c. comen proteína cuando boxean.
    d. practican todo el tiempo.

17 *Kevin McCallister*
Quiz

1. Kevin piensa que su familia
   a. lo necesita mucho.
   b. está muy ocupada.
   c. es grande.
   d. no lo quiere.

2. La familia sigue
   a. dejando a Kevin.
   b. observando a Kevin.
   c. tratando bien a Kevin.
   d. cuidando a Kevin.

3. Los criminales quieren
   a. robar a Kevin.
   b. robar casas.
   c. atacar a la familia de Kevin.
   d. destruir las casas.

4. Aunque la casa está desorganizada, a la mamá no le importa porque
   a. está contenta de tener a Kevin.
   b. tiene muchos hijos.
   c. es una casa muy grande.
   d. tiene mucho dinero.

5. Buzz grita a Kevin porque
   a. Kevin canceló las vacaciones.
   b. Kevin destruyó su dormitorio.
   c. es su hermano mayor.
   d. los criminales entraron a su dormitorio.

6. En la segunda vacación, la familia
   a. deja a Kevin en casa.
   b. cuida a Kevin.
   c. se separa de Kevin.
   d. consigue un hotel.

7. En Nueva York, Kevin
   a. cuida un hotel.
   b. cuida una casa.
   c. no hace nada.
   d. está con su familia.

8. El papá no está contento con Kevin porque
   a. usó mucho de su dinero.
   b. los criminales se escaparon.
   c. destruyó la casa.
   d. se separó de ellos.

9. La mamá deja a Kevin solo
   a. una vez.
   b. dos veces.
   c. muchas veces.
   d. siempre.

10. Los criminales probablemente están contentos con la mamá de Kevin porque
    a. deja a Kevin en casa.
    b. cuida más a Kevin.
    c. va de vacaciones con Kevin.
    d. está muy ocupada.

18   *Luke Skywalker Quiz*

1. Luke es como los otros Jedis porque
   a. vive en Tatooine.
   b. usa la fuerza todos los días.
   c. tiene sus propios robots.
   d. tiene robots que no funcionan bien.

2. Luke quiere un robot usado si
   a. no es viejo.
   b. los robots nuevos cuestan mucho.
   c. tiene la fuerza.
   d. es como los robots que ya tiene.

3. Los robots de Han no funcionan bien, porque
   a. no cuestan mucho.
   b. son de Yoda.
   c. Han no es un jedi.
   d. a Han no le importa.

4. Han le da a Luke
   a. un robot nuevo.
   b. un robot viejo.
   c. una recomendación.
   d. nada.

5. Han le dio a Yoda
   a. un robot nuevo.
   b. un robot viejo.
   c. una recomendación.
   d. nada.

6. Yoda le dice a Luke que
   a. sabe donde encontrar un robot.
   b. debe hablar con Leia.
   c. no debe comprar un robot.
   d. no sabe usar la fuerza.

7. Princesa Leia está
   a. con Yoda.
   b. en su palacio.
   c. en la prisión.
   d. en el planeta Tatooine.

8. Un robot nuevo le da a Luke
   a. un mensaje.
   b. dinero.
   c. un robot.
   d. su hermana.

9. Al final, Luke consigue un
   a. robot nuevo.
   b. robot malo.
   c. robot rápido.
   d. robot usado.

10. El robot que consigue Luke
    a. cuesta mucho.
    b. cuesta poco.
    c. no cuesta nada.
    d. cuesta más de lo normal.

19   Forrest Gump Quiz

1. Forrest y Jenny quieren
   a. vivir en el mismo pueblo.
   b. ser famosos.
   c. ir a un partido de ping-pong.
   d. ser ricos.

2. Forrest juega fútbol americano porque
   a. quiere dinero.
   b. le gusta.
   c. gana mucho.
   d. Jenny se lo dice.

3. Jenny sigue diciendo a Forrest que
   a. no le gusta el ping-pong.
   b. él es un buen amigo.
   c. necesita ser famoso.
   d. lo va a dejar.

4. Forrest conoce al Presidente por
   a. ser un buen jugador de fútbol americano.
   b. ser un héroe.
   c. correr bastante.
   d. ser tan atlético.

5. Después de conocer al Presidente, Forrest no está contento porque
   a. el presidente no le da nada.
   b. necesita regresar a Vietnam.
   c. el presidente no le da dinero.
   d. necesita trabajar.

6. Jenny sale del pueblo porque
   a. cree que Forrest es un hombre muy bueno para ella.
   b. prefiere ir con sus otros amigos y tocar música.
   c. necesita trabajar.
   d. cree que Forrest nunca la va a llevar a un partido de ping-pong.

7. Forrest corre
   a. un poco
   b. bastante.
   c. en un maratón.
   d. hacia Jenny.

8. Forrest nunca
   a. tiene dinero.
   b. gana en el ping-pong.
   c. trata bien a Jenny.
   d. tiene un buen plan.

9. Forrest juega en un partido profesional porque
   a. consigue el dinero.
   b. compra los boletos.
   c. es famoso.
   d. es un buen jugador.

10. Jenny le da a Forrest
    a. una raqueta.
    b. un boleto a China.
    c. dinero.
    d. nada.

20 La Mujer Mala Quiz

1. El problema que la mujer tiene es que
   a. no puede atrapar niños.
   b. no sabe dónde encontrar niños.
   c. come mucho.
   d. vive a mucha distancia de todas las personas.

2. La mujer habla con Shrek porque
   a. es un ogro.
   b. cree que él come niños.
   c. a Shrek le gustan los niños.
   d. a los niños les gusta Shrek.

3. Shrek le dice a la mujer
   a. cómo atrapar niños.
   b. que es malo comer niños.
   c. que él no come niños.
   d. nada.

4. La mujer corre de Shrek porque
   a. Shrek la ataca.
   b. es urgente atrapar un niño.
   c. él no le ayuda.
   d. cree que Shrek la quiere comer.

5. La mujer va donde Michael Jackson porque
   a. cree que Michael conoce unos zombis.
   b. le gusta su música.
   c. a los niños les gusta Michael.
   d. Michael vive con zombis.

6. Los zombis del video musical
   a. tratan de atacar a la mujer.
   b. no comen personas.
   c. ya no son amigos de Michael Jackson.
   d. le dan a la mujer información sobre la ciudad de Transilvania.

7. La mujer va a Transilvania para
   a. construir una casa.
   b. comer los vampiros.
   c. recibir ayuda de los vampiros.
   d. atrapar un vampiro.

8. La mujer tiene que esperar a los vampiros porque
   a. ellos están a mucha distancia de Transilvania.
   b. llega durante el día.
   c. son difíciles encontrar.
   d. se corren de ella.

9. No puede hablar con los vampiros porque
   a. se la tratan de comer.
   b. no saben hablar.
   c. son muy rápidos.
   d. están ocupados.

10. La mujer tiene un empleado de Willy Wonka porque
    a. le gusta mucho el chocolate.
    b. quiere comerlo.
    c. sabe cómo atrapar niños.
    d. quiere una casa de comidas malas.

21 La Princesa Jazmín Quiz

1. Jazmín quiere salir del palacio porque
    a. quiere la comida de la calle.
    b. quiere buscar un novio.
    c. está aburrida.
    d. quiere ayudar a la gente pobre.

2. El papá dice que es prohibido salir del palacio porque
    a. hay gente mala en la ciudad.
    b. necesita buscar un príncipe.
    c. ella es muy bonita.
    d. tiene que cuidar a su tigre.

3. Jazmín piensa que ella es
    a. musculosa.
    b. mayor.
    c. normal.
    d. bonita.

4. Aladino está corriendo porque
    a. necesita el ejercicio.
    b. está escapándose.
    c. está jugando.
    d. ve a Jazmín.

5. La primera vez que Jazmín y Aladino hablan
    a. ellos se quieren.
    b. la policía los atrapa.
    c. Jazmín piensa que es arrogante.
    d. Aladino no quiere hablarle.

6. Jazmín declara a su papá que
    a. va a salir del palacio.
    b. ya no quiere ser princesa.
    c. encontró un novio.
    d. él es muy aburrido.

7. El sultán busca para Jazmín
    a. un amigo.
    b. un esposo.
    c. un tigre.
    d. un secretario.

8. El sultán
    a. sabe que Jazmín sale del palacio.
    b. sabe que los príncipes son aburridos.
    c. sabe que tiene un secretario malo.
    d. no sabe nada de las salidas de Jazmín.

9. Jazmín está con Jafar porque
    a. es un buen amigo del sultán.
    b. es la mejor opción.
    c. Jafar lo requiere.
    d. es parte del plan de Jazmín.

10. Aladino le dice al genio que quiere
    a. ser príncipe.
    b. ayudar al genio.
    c. ayudar a Jazmín.
    d. ser rico.

22   El Señor Increíble
Quiz

1. Bob deja de ser superhéroe porque
   a. es muy viejo.
   b. las personas no lo permiten.
   c. es un mejor policía.
   d. ahora tiene que cuidar a su familia.

2. Lo malo de ser policía es que
   a. trabaja mucho.
   b. no gana mucho dinero.
   c. no hay muchos criminales.
   d. hay muchos papeles.

3. Cuando Bob es policía
   a. está contento.
   b. está aburrido.
   c. está frustrado.
   d. no sigue las instrucciones.

4. Helen trabaja en un restaurante porque
   a. le gusta ayudar a las personas.
   b. es el único trabajo que puede conseguir.
   c. gana mucho dinero extra.
   d. Bob no quiere cambiar trabajos.

5. Cuando Helen trabaja en el restaurante
   a. está contenta.
   b. está aburrida.
   c. está frustrada.
   d. no sigue las instrucciones.

6. Los hijos
   a. van con Bob a la estación de policía.
   b. van con Helen al restaurante.
   c. se quedan en la oficina.
   d. se quedan en casa.

7. Los padres ganan poco dinero, pero Helen
   a. sigue trabajando en el restaurante.
   b. vuelve a cuidar los hijos.
   c. empieza a trabajar en una oficina.
   d. pierde el dinero que gana en el restaurante.

8. La oficina paga a sus empleados
   a. poco.
   b. bastante
   c. suficiente.
   d. nada.

9. Bob pierde su trabajo porque
   a. causa un accidente en la oficina.
   b. el criminal se escapa.
   c. no pasa suficiente tiempo en casa.
   d. no sigue las instrucciones de su supervisor.

10. Aunque Bob pierde un trabajo
    a. se le presenta otra oportunidad.
    b. su esposa está contenta.
    c. empieza a trabajar en otra oficina.
    d. ya no necesita otro.

23   *Fred Flintstone Quiz*

1. El hábito de Fred es
    a. pasar tiempo con Barney.
    b. comer en el mismo restaurante.
    c. ir a HollyRoca.
    d. comer mucho.

2. La comida que a Fred más le gusta es
    a. un bistec.
    b. pizza de rocas.
    c. cereal.
    d. una hamburguesa.

3. Fred come en RocDonaldos porque
    a. no tiene que pagar.
    b. es conveniente y le gusta el menú.
    c. es un restaurante popular.
    d. no le quedan otras opciones en su pueblo.

4. Fred deja de comer en RocDonaldos porque
    a. la comida cuesta mucho.
    b. Barney ya no quiere comer allí.
    c. quiere comer algo diferente.
    d. no está al lado de su casa.

5. En el restaurante en HollyRoca, Fred y Barney
    a. no comen nada.
    b. comen mucho.
    c. comen poco.
    d. preparen su propia comida.

6. La comida en HollyRoca
    a. es deliciosa.
    b. cuesta mucho.
    c. es de dinosaurios famosos.
    d. es rápida.

7. La primera vez que Fred va a Bronto King es porque
    a. recuerda que ese restaurante existe.
    b. recuerda que tiene hamburguesas.
    c. Barney lo recomienda.
    d. sabe que la comida no cuesta mucho.

8. Fred come en Bronto King
    a. una vez.
    b. con su familia.
    c. por unos días.
    d. por muchos meses.

9. Wilma le recomienda a Fred que
    a. prepare su propia comida.
    b. continúe comiendo en Bronto King.
    c. invite a Barney a su casa para comer.
    d. empiece a comer menos.

10. Al final, Fred
    a. come en la casa de Barney.
    b. come la comida que Wilma prepara.
    c. se aburre de comer en casa.
    d. prepara su propia comida.

24   El Grinch Quiz

1. Cindy Lou Quien vive
   a. con El Grinch.
   b. en una cueva.
   c. a poca distancia de El Grinch.
   d. sin padres.

2. El Grinch no está contento y por eso
   a. no vive en Quienville.
   b. no quiere ver a nadie contento.
   c. es un monstruo color verde.
   d. abre todos los regalos de Santa Claus.

3. El Grinch sabe lo que quieren los chicos porque
   a. habla con sus padres.
   b. los observa desde su montaña.
   c. tiene las listas que hacen los chicos.
   d. va a la casa de Santa Claus.

4. El Grinch normalmente deja a los chicos
   a. nada.
   b. instrumentos.
   c. triciclos.
   d. algo.

5. El día que Cindy mira su regalo
   a. El Grinch está sorprendida.
   b. ella está desilusionada.
   c. no la quiere.
   d. hace círculos por todo el pueblo en su bicicleta.

6. La tradición de la gente del pueblo es
   a. jugar con los triciclos.
   b. tocar música.
   c. celebrar con comida.
   d. cantar en un círculo.

7. Es obvio que la gente sabe
   a. que El Grinch roba las cosas.
   b. la importancia del día.
   c. cantar muy bien.
   d. los regalos que van a recibir.

8. El año que Cindy pide un instrumento
   a. la gente cancela las celebraciones.
   b. El Grinch no hace nada.
   c. El Grinch celebra con la gente.
   d. la gente todavía celebra.

9. Cindy mira a El Grinch cuando él
   a. roba los videojuegos.
   b. deja un videojuego.
   c. roba su lista.
   d. roba otras casas.

10. Al final, El Grinch
    a. cambia su actitud.
    b. roba la chica.
    c. vive en el pueblo.
    d. decide celebrar con la gente.

25   *Frodo Baggins Quiz*

1. Frodo ha vivido
   - a. en muchas partes.
   - b. en un solo lugar.
   - c. con Gandalf.
   - d. aparte de su gente.

2. Frodo quiere conocer a
   - a. Gandalf.
   - b. Smeagol.
   - c. la región de Sauron.
   - d. otros lugares.

3. Frodo habla con Bilbo porque
   - a. Bilbo ha tenido una vida de acción.
   - b. necesita su permiso.
   - c. quiere que lo acompañe.
   - d. quiere que le cuente una historia.

4. Bilbo le da a Frodo
   - a. una idea.
   - b. una aventura.
   - c. el nombre de un mago.
   - d. nada.

5. Gandalf piensa que Frodo
   - a. no debe salir.
   - b. puede ir solo.
   - c. puede vivir en otra parte.
   - d. es un hobbit importante.

6. Frodo va a Samwise porque
   - a. quiero que lo acompañe.
   - b. Samwise sabe cómo llegar a Rivendell.
   - c. ha tenido muchas aventuras.
   - d. siempre acompaña a Frodo.

7. Samwise es
   - a. un amigo de Frodo.
   - b. familia de Frodo.
   - c. un empleado de Frodo.
   - d. un elfo.

8. Samwise no va a acompañar a Frodo porque
   - a. no quiere tener una aventura.
   - b. no puede dejar a su familia.
   - c. no le gustan los elfos.
   - d. no conoce bien a Frodo.

9. Smeagol le dice a Frodo que
   - a. él sabe la dirección a Rivendell.
   - b. ha tenido muchas experiencias.
   - c. Frodo no debe ir solo.
   - d. está obsesionado con él.

10. Al final, Smeagol lleva a Frodo
    - a. al lugar correcto.
    - b. a la región de Sauron.
    - c. a una cueva.
    - d. a Rivendell.

26   *Ariel Quiz*

1. Ariel recibe unas cosas porque
   a. es una buena persona.
   b. la gente quiere ser su novio.
   c. es su cumpleaños.
   d. canta muy bien.

2. Sebastian va a dar a Ariel
   a. una estatua.
   b. un concierto.
   c. un permiso.
   d. un dinglehopper.

3. Ariel no acepta el regalo de Sebastian porque
   a. cuesta mucho dinero.
   b. no le gusta bailar.
   c. prefiere pensar.
   d. todavía no tiene el permiso.

4. Ariel sabe de los humanos porque
   a. pasa mucho tiempo observándolos.
   b. Ariel ha vivido entre ellos.
   c. lee libros sobre ellos.
   d. sus hermanas le cuentan de ellos.

5. El papá de Ariel
   a. no permite que observe a los humanos.
   b. nunca está contento.
   c. quiere ser un humano.
   d. le da a Ariel lo que quiere.

6. Después de ver a los humanos, Ariel
   a. está contenta.
   b. quiere dejar a su gente.
   c. piensa que todos los humanos son atractivos.
   d. sale del agua y habla con el príncipe.

7. Flounder le da a Ariel
   a. una estatua.
   b. un concierto.
   c. un permiso.
   d. un dinglehopper.

8. Scuttle piensa que sabe
   a. los nombres de las cosas humanas.
   b. quien es el príncipe.
   c. donde comen los humanos.
   d. donde encontrar el príncipe.

9. Los amigos de Ariel
   a. cantan con ella.
   b. le dan a ella la dirección de Ursula.
   c. quieren acompañar a Ariel a ver a los humanos.
   d. no cambian su actitud.

10. Ursula ayudará a Ariel si
    a. le da su voz.
    b. le da la cosa para comer.
    c. canta para ella.
    d. baila para ella.

27   Olaf Quiz

1. Olaf sabe
   a. mucho sobre hockey.
   b. poco sobre unos meses en el año.
   c. bastante sobre las chicas.
   d. poco de esquiar.

2. Olaf quiere hacer ejercicio porque
   a. quiere ser el novio de Anna.
   b. el doctor le dice que está en malas condiciones físicas.
   c. está obeso.
   d. es muy competitivo.

3. Olaf va a Elsa porque
   a. ella sabe esquiar muy bien.
   b. tiene un reno.
   c. tiene un buen cuerpo.
   d. quiere que lo acompañe.

4. Probablemente Elsa le dice a Olaf que tiene un reno porque
   a. quiere impresionarle.
   b. no quiere pasar tiempo con Olaf.
   c. necesita jugar con él.
   d. los renos no pueden esquiar.

5. Según Olaf, Kristoff es
   a. una persona seria.
   b. muscular.
   c. una persona contenta.
   d. bueno para esquiar.

6. Kristoff no esquía con Olaf porque
   a. prefiere estar con Anna.
   b. no es bueno.
   c. necesita jugar con Sven.
   d. tiene mucho trabajo que hacer.

7. Sven quiere
   a. esquiar.
   b. mantener su cuerpo.
   c. que Elsa juegue con él.
   d. una novia.

8. Olaf usa el tobogán porque
   a. es mucho ejercicio.
   b. Sven no puede esquiar.
   c. Anna lo recomienda.
   d. le gusta mirar las montañas.

9. Olaf empieza a hacer más que solo usar el tobogán porque
   a. todavía está obeso.
   b. le gusta el ejercicio.
   c. Anna quiere esquiar con él.
   d. está aburrido de solo usar el tobogán.

10. Olaf consigue un mejor cuerpo porque
    a. usa el tobogán.
    b. va al gimnasio.
    c. trabaja en construcción.
    d. la temperatura le da músculos.

28   *Babe Ruth Quiz*

1. Babe Ruth quiere
    a. seguir jugando en Boston.
    b. retirarse de béisbol.
    c. ser el dueño de un equipo.
    d. ir a jugar en otro equipo.

2. El dueño de los Yanquis quiere que Babe
    a. sea pitcher.
    b. batee mejor.
    c. acepte poco dinero.
    d. use esteroides.

3. No es normal practicar
    a. con una bola pequeña.
    b. mientras cambia equipos.
    c. mirando la bola.
    d. en el año 1919.

4. El dueño no está preocupado con
    a. la habilidad de batear.
    b. las reputaciones.
    c. el dinero.
    d. nada.

5. La conducta de Babe preocupa
    a. a su esposa.
    b. a Babe.
    c. al dueño de los Yanquis.
    d. a los otros jugadores.

6. Babe visita al hospital para
    a. cambiar su imagen.
    b. ver a Lou Gehrig.
    c. ver a su esposa.
    d. mirar obras de teatro.

7. Cuando Babe mira obras de teatro resulta que
    a. nunca quiere ver más.
    b. está más emocionado para vivir en Nueva York.
    c. quiere ser un actor.
    d. quiere aún más a su esposa.

8. El dueño le va a dar a Babe
    a. un bate especial.
    b. boletos a Broadway.
    c. poco dinero.
    d. suficiente dinero.

9. Después de hablar con Babe por la última vez, el dueño llama
    a. a los fans.
    b. a la esposa de Babe.
    c. a otros jugadores buenos.
    d. al dueño del equipo de Boston.

10. Vender a Babe a Nueva York
    a. fue una buena idea para Boston.
    b. ayudó a Boston a ganar campeonatos.
    c. resultó una mala decisión para Boston.
    d. resultó un catástrofe para los Yanquis.

29   *Shaggy Quiz*

1. Shaggy busca un
   a. monstruo.
   b. criminal.
   c. perro.
   d. detective.

2. Goofy
   a. cuesta mucho dinero.
   b. no sirve como un perro detective.
   c. no es inteligente.
   d. se muere en un accidente.

3. Para encontrar lo que busca, Shaggy
   a. escribe un mensaje en la publicación diaria.
   b. busca en eBay.
   c. escribe un anuncio en Facebook.
   d. llama a sus amigos.

4. Antes de comprar un perro, Shaggy quiere
   a. hacer un trabajo de detective.
   b. conocer el dueño.
   c. comer.
   d. inspeccionarlo.

5. Según Garfield, Odie
   a. no es inteligente.
   b. cuesta mucho dinero.
   c. es viejo.
   d. causa accidentes.

6. Emily quiere
   a. ser un detective.
   b. dar su perro a Shaggy.
   c. comprar a Goofy.
   d. conocer a Shaggy.

7. Clifford es como Goofy porque los dos
   a. son estúpidos.
   b. comen mucho.
   c. son simpáticos.
   d. causan accidentes.

8. Gromit sería un buen detective piensa su dueño porque
   a. tiene mucha experiencia de ser detective.
   b. no causa accidentes.
   c. es muy inteligente.
   d. es un buen amigo.

9. Shaggy no compra a Gromit porque
   a. no puede usar un carro.
   b. es muy inteligente.
   c. no le gusta comer.
   d. no puede hablar.

10. Lo primero que piensa Shaggy cuando oye algo en la calle es que
    a. hay un perro.
    b. hay un accidente.
    c. hay un monstruo.
    d. hay un criminal.

30   Ethan Hunt Quiz

1. Ethan sigue pasos para ser
    a. famoso.
    b. un espía.
    c. inteligente.
    d. un actor.

2. Ethan va a James Bond para
    a. saber karate.
    b. darle dinero.
    c. saber qué carro debe comprar.
    d. preguntar cómo escaparse de la gente mala.

3. Es obvio que James Bond y Ethan son
    a. rápidos.
    b. atractivos.
    c. ricos.
    d. simpáticos.

4. Para una identidad nueva, Ethan va a
    a. Austin Powers.
    b. Jason Bourne.
    c. Agente K.
    d. James Bond.

5. Ahora Ethan sabe que una identidad secreta depende de
    a. no tener memoria de quién eres de verdad.
    b. mantenerla un secreto de la familia.
    c. usar un nombre real.
    d. memorizar los detalles de su persona.

6. Ethan va a Austin Powers para
    a. saber karate.
    b. darle dinero.
    c. saber qué carro debe comprar.
    d. preguntar cómo escaparse de la gente mala.

7. Austin le da a Ethan
    a. un carro.
    b. una pistola.
    c. lecciones de karate.
    d. lecciones de baile.

8. Cuando Ethan va a Agente K, Ethan
    a. no sabe lo que busca.
    b. nunca ha visto un extraterrestre.
    c. pide una pistola.
    d. está nervioso.

9. El dueño de la tienda
    a. trata de escaparse.
    b. no tiene nada ilegal.
    c. dice la verdad desde el principio.
    d. es un extraterrestre.

10. Lo único para lo cual Ethan no está preparado es
    a. defenderse.
    b. usar su carro.
    c. tener una pistola pequeña.
    d. una misión imposible.

Answer Key

1	1.c	2.b	3.d	4.b	5.a	6.c	7.c	8.b	9.b	10.a
2	1.a	2.c	3.d	4.b	5.a	6.d	7.a	8.c	9.c	10.a
3	1.d	2.c	3.c	4.a	5.a	6.b	7.d	8.b	9.c	10.b
4	1.c	2.b	3.d	4.c	5.a	6.b	7.a	8.d	9.a	10.c
5	1.b	2.a	3.b	4.d	5.c	6.b	7.a	8.d	9.a	10.c
6	1.b	2.d	3.c	4.c	5.a	6.a	7.d	8.a	9.c	10.b
7	1.d	2.c	3.d	4.b	5.b	6.c	7.d	8.d	9.a	10.c
8	1.c	2.d	3.b	4.a	5.b	6.b	7.c	8.d	9.b	10.a
9	1.d	2.c	3.c	4.a	5.c	6.d	7.b	8.a	9.b	10.d
10	1.d	2.c	3.a	4.a	5.b	6.b	7.c	8.c	9.b	10.a

11	1.a	2.a	3.d	4.b	5.c	6.c	7.b	8.d	9.b	10.c
12	1.c	2.b	3.d	4.c	5.b	6.a	7.c	8.b	9.d	10.b
13	1.d	2.b	3.a	4.c	5.a	6.b	7.b	8.d	9.a	10.b
14	1.c	2.d	3.b	4.a	5.b	6.b	7.d	8.c	9.a	10.c
15	1.d	2.b	3.d	4.c	5.d	6.a	7.c	8.b	9.b	10.d
16	1.c	2.a	3.d	4.a	5.b	6.c	7.a	8.b	9.c	10.b
17	1.d	2.a	3.b	4.a	5.b	6.c	7.b	8.a	9.c	10.b
18	1.c	2.b	3.a	4.d	5.b	6.b	7.c	8.a	9.d	10.c
19	1.c	2.a	3.d	4.b	5.c	6.d	7.b	8.a	9.d	10.d
20	1.a	2.b	3.c	4.d	5.a	6.b	7.c	8.b	9.a	10.d

21	1.c	2.a	3.b	4.b	5.a	6.c	7.b	8.d	9.c	10.c
22	1.b	2.b	3.a	4.d	5.c	6.d	7.b	8.c	9.d	10.a
23	1.b	2.d	3.b	4.c	5.c	6.b	7.a	8.d	9.a	10.d
24	1.c	2.b	3.c	4.d	5.a	6.d	7.b	8.d	9.a	10.b
25	1.b	2.d	3.a	4.d	5.c	6.a	7.c	8.d	9.a	10.b
26	1.c	2.b	3.c	4.d	5.d	6.b	7.a	8.a	9.d	10.b
27	1.b	2.c	3.d	4.b	5.c	6.a	7.b	8.b	9.a	10.c
28	1.d	2.b	3.a	4.c	5.c	6.a	7.b	8.d	9.c	10.c
29	1.c	2.b	3.c	4.d	5.a	6.b	7.d	8.c	9.d	10.c
30	1.b	2.c	3.c	4.b	5.a	6.a	7.d	8.c	9.d	10.a

About the Author

Eric Herman is a communicative and comprehension-based language teacher and second language acquisition enthusiast. He loves helping teachers to learn a scientifically-supported approach to developing proficiency. Eric is constantly trying to improve his own instruction and innovate better ways to engage students and facilitate language acquisition in the classroom. Eric acquired Spanish while in the Peace Corps in Honduras. He served as a Youth Development Volunteer in the town of his wife-to-be. He is the author of *How to use MovieTalk to Teach with Comprehensible Input* (IJFLT, 2014), *Ataques de Hambre* (2016), and the bi-weekly *Acquisition Classroom Memo*.

Made in the USA
Middletown, DE
22 January 2019